Veronikas Geheimnis

Nach einem Text von **Cinzia Medaglia**

Redaktion: Jacqueline Tschiesche
Computerlayout: Emilia Coari
Projektleitung und Graphik: Nadia Maestri
Illustrationen: Franco Grazioli

© 2004 Cideb

Erstausgabe: September 2004

Bildnachweis:
S. 14: Deutsche Bahn AG
S. 67-71: Medienserver Hannover & Region
S. 108: Ostfriesland-Tourismus

Trotz intensiver Bemühungen konnten nicht alle Inhaber von Text- und Bildrechten ausfindig gemacht werden. Für entsprechende Hinweise ist der Verlag dankbar.

Alle Rechte vorbehalten. Die Verbreitung dieses Buches oder von Teilen daraus durch Film, Funk oder Fernsehen, der Nachdruck und die fotomechanische Wiedergabe sind nur mit vorheriger schriftlicher Genehmigung des Verlages gestattet.

Wir würden uns freuen, von Ihnen zu erfahren, ob Ihnen dieses Buch gefallen hat. Wenn Sie uns Ihre Eindrücke mitteilen oder Verbesserungsvorschläge machen möchten, oder wenn Sie Informationen über unsere Verlagsproduktion wünschen, schreiben Sie bitte an:
info@blackcat-cideb.com
blackcat-cideb.com

ISBN 978-88-530-0306-5 Buch + CD

Gedruckt in Genua, Italien, bei Litoprint

Inhalt

KAPITEL **1**	**Veronika**	5
	ÜBUNGEN	12
KAPITEL **2**	**Zu Hause**	17
	ÜBUNGEN	23
KAPITEL **3**	**Im Büro**	28
	ÜBUNGEN	34
KAPITEL **4**	**Kaffee und Kuchen?**	38
	ÜBUNGEN	44
KAPITEL **5**	**Was will ich?**	49
	ÜBUNGEN	55

KAPITEL 6	**Wochenende am Meer**	58
	ÜBUNGEN	64

KAPITEL 7	**Das Album**	72
	ÜBUNGEN	81

KAPITEL 8	**Heiraten?**	85
	ÜBUNGEN	89

KAPITEL 9	**Veronikas Geheimnis**	94
	ÜBUNGEN	102

Dossier:	Nicht alle finden Komiker komisch	26
	Hannover	68
	Platt, ganz platt	106
	Komisch? Friesen	108

ABSCHLUSSTEST 110

🔊 Die CD enthält den vollständigen Text.

🔊 Das Symbol kennzeichnet den Anfang der Hörübungen.

KAPITEL **1**

Veronika

Es ist Winter. Veronika sieht in die Ferne, über die Hausdächer hinweg.

Grau hängt der Himmel über der Stadt.

„Brrr, ist das kalt", sagt sie leise und geht auf dem Bahnsteig hin und her.

Der Zug hat Verspätung.

„Intercity-Express, pünktlich wie immer!" zitiert sie grimmig [1] die Reklame.

Veronika sieht auf die Uhr, zum zehnten Mal in fünf Minuten.

Endlich hört sie den Lautsprecher [2] knacken.

„Bitte Vorsicht auf Gleis 3. Es hat Einfahrt der verspätete Intercity-Express nach Hannover."

Der Zug fährt ein. Veronika sieht durch die Fenster.

---

1. **grimmig** : sehr böse.
2. **r Lautsprecher**(=) : macht Musik etc. lauter.

Veronikas Geheimnis

„Zum Glück ist der Zug nicht so voll", denkt sie und steigt in einen Wagen der ersten Klasse.

Die ersten beiden Abteile sind mit Rentnern besetzt. Sie trinken Sekt und lachen.

„Um Gottes Willen!" denkt Veronika.

Das dritte Abteil ist fast leer.

Ein junger Mann sitzt allein am Fenster. Er schreibt.

Veronika setzt sich ihm gegenüber. Sie sitzt auch gern am Fenster.

Der Mann lächelt ihr zu. Sie lächelt nicht.

Veronika holt das Laptop aus ihrem Aktenkoffer und beginnt zu arbeiten.

Veronika

Der Mann vor ihr beachtet [1] sie nicht mehr. Er sieht in sein Heft und schreibt weiter.

Veronika schreibt am Computer, schnell und genau.

Manchmal wirft sie einen kurzen Blick auf ihr Gegenüber. Seine Haare sind ungekämmt [2], seine Jeans hat Löcher und das T-Shirt ist verwaschen [3].

„Ein linker Intellektueller oder so etwas. Schade, hässlich ist er eigentlich nicht."

Auch er sieht öfter zu ihr herüber, während sie arbeitet.

1. **jdn. beachten** : jdn. sehen.
2. **ungekämmt** : unordentliche Haare.
3. **verwaschen** : oft gewaschen, Farbe und Form sind nicht mehr perfekt.

Veronikas Geheimnis

„Nicht zu fassen", denkt er. „So eine hübsche Frau und läuft herum wie die Karikatur eines Wall-Street-Brokers."

Tatsächlich sieht Veronika in ihrem grauen Kostüm mit den flachen Schuhen wie die perfekte Geschäftsfrau aus.

Der Zug fährt durch Städte, am Rhein entlang, über den Rhein, wieder durch Städte ohne Anfang und Ende.

Keiner der beiden sagt ein Wort, keiner der beiden sieht aus dem Fenster. Beide scheinen ganz auf ihre Arbeit konzentriert zu sein.

Der Mann steht auf und nimmt etwas aus der großen alten Tasche neben sich.

Es ist ein Zeichenblock [1].

Er legt den Block auf die Knie und beginnt mit einem dicken, schwarzen Stift zu zeichnen.

Veronika schreibt weiter, aber sie denkt: „Was macht er denn jetzt?"

Sie sieht schnell zu ihm hinüber.

„Erst schreibt er, dann zeichnet er. Ein Künstler [2]? Oder will er zeigen, dass er ein Künstler ist?"

Sie kennt solche Typen, die sich nur interessant machen wollen.

Veronika misstraut [3] allen.

Draußen wird es langsam dunkel.

Sie ist müde. Sie klappt den Computer zu und steckt ihn in den Aktenkoffer.

Der junge Mann hält den Block auf den Knien. Er hat die Augen geschlossen.

1. **r Zeichenblock("e)** : Packen weißes Papier zum Zeichnen.
2. **r/e Künstler/in(nen)** : wer Skulpturen oder Bilder macht oder Romane schreibt.
3. **jdm. misstrauen** : denken, dass der andere schlecht oder böse oder egoistisch ist.

„Vielleicht schläft er", denkt Veronika und nähert sich ihm vorsichtig.

In diesem Moment macht der Mann die Augen auf.

„Möchten Sie's sehen?"

„Was denn?" fragt sie brüsk[1] und wird rot.

„Die Zeichnung .... das Portrait..."

„Ach, ein Portrait?"

„Ja, ich habe Sie gemalt. Wollen Sie's nicht sehen?"

Sie antwortet nicht.

Er nimmt das Blatt und gibt es ihr.

„Aber das ..." sagt Veronika. Sie ist erstaunt[2].

Die Zeichnung ist wirklich gut getroffen[3].

„Das bin ja wirklich ich!" ruft sie aus. Sie hält das Bild in der Hand und sieht es an.

„Möchten Sie's nicht behalten?" fragt Max.

„Wie bitte?"

„Es gehört Ihnen. Behalten Sie's."

„Wirklich ... ich ... nein das..." antwortet sie. Soll sie das Bild annehmen[4]?

„Der will doch was von mir", denkt sie. „Aber die Zeichnung ist so schön!"

Max lässt nicht locker: „Ich hab es für Sie gezeichnet. Nehmen Sie's doch bitte an. Das heißt, natürlich nur, wenn es Ihnen gefällt!"

„Ja sicher, es gefällt mir sehr."

1. **brüsk** : hart, etwas aggressiv.
2. **erstaunt** : sie hatte etwas nicht erwartet, sie wundert sich.
3. **jd. ist gut getroffen** : auf dem Bild sieht man, was für das Sujet charakteristisch ist.
4. **etwas annehmen** : ein Geschenk etc. akzeptieren, nicht ablehnen.

Veronikas Geheimnis

Er lächelt.

„Die Zeichnung ist sehr schön", sagt sie jetzt. „Sie zeichnen wirklich gut."

„Danke", antwortet er. Dann steht er auf und gibt ihr die Hand.

„Ich bin Max", sagt er mit einem Lächeln.

„Ich bin Veronika", antwortet sie. Aber sie lächelt nicht.

Dann nimmt sie die Zeichnung und steckt sie in den Aktenkoffer.

„Zeichnen Sie immer alle Leute, die Sie im Zug sehen?" fragt sie.

„Nein", erwidert er ernst. „Nur sehr schöne Frauen ... so wie Sie."

Das ist ein Kompliment, aber Veronika nimmt es nicht gut auf.

Ihre Augen werden klein, ihre Lippen bilden jetzt eine dünne Linie.

Sie nimmt eine Zeitschrift in die Hand und liest – vielleicht tut sie auch nur so.

Bis zum Ende der Zugreise wechseln die beiden kein Wort mehr.

„Da habe ich mich wieder mal dumm angestellt [1]", denkt er.

Als sie in Hannover ankommen, ist es schon dunkel.

„Kann ich Sie vielleicht im Auto mitnehmen?" fragt Max.

„Nein, danke." Veronikas Antwort ist kurz.

Sie steigt vor ihm aus.

Sie geht schnell den Bahnsteig entlang.

Er sieht ihr nach.

„Zu dumm", denkt er. „Einfach zu dumm."

---

1. **sich dumm anstellen** : etwas nicht gut machen, nicht auf intelligente Weise handeln.

Leseverständnis

1 Kreuze die richtigen Antworten an. Manchmal gibt es mehr als eine.

1. Wie kommt Veronika nach Hannover?
   - **a.** ☐ Mit dem Auto. - **b.** ☐ Zu Fuß. - **c.** ☐ Mit dem Zug. - **d.** ☐ Mit dem Flugzeug.

2. Zu wem setzt sich Veronika ins Abteil?
   - **a.** ☐ Zu lustigen Rentnern. - **b.** ☐ Zu einem netten Opa. - **c.** ☐ Zu einer Familie. - **d.** ☐ Zu einem jungen Mann.

3. Veronika sieht eine Person. Wie ist diese Person?
   - **a.** ☐ Alt. - **b.** ☐ Jung. - **c.** ☐ Ungewaschen. - **d.** ☐ Ungekämmt. - **e.** ☐ Elegant. - **f.** ☐ Unordentlich angezogen.

4. Wie findet die Person Veronika?
   - **a.** ☐ Dumm. - **b.** ☐ Schön, aber uninteressant. - **c.** ☐ Schön und interessant. - **d.** ☐ Komisch.

5. Wie ist Veronika angezogen?
   - **a.** ☐ Alternativ. - **b.** ☐ Sie trägt Jacke und Hose. - **c.** ☐ Sie trägt einen kurzen Rock. - **d.** ☐ Wie eine Geschäftsfrau. - **e.** ☐ Sie trägt flache Schuhe.

6. Eine Person im Abteil tut etwas Interessantes. Was?
   - **a.** ☐ Sie singt. - **b.** ☐ Sie strickt. - **c.** ☐ Sie zeichnet. - **d.** ☐ Sie kratzt sich.

7. Was möchte Veronika?
   - **a.** ☐ Sie will sehen, was der andere gemacht hat. -
   - **b.** ☐ Der andere soll nicht sehen, dass sie das sehen will. -
   - **c.** ☐ Sie will den anderen kennen lernen. - **d.** ☐ Sie will schlafen.

8. Was will der andere tun?
   - **a.** ☐ Er will ihr ein Kompliment machen. -
   - **b.** ☐ Er will ihr seinen Block schenken. -
   - **c.** ☐ Er will das Bild schenken. - **d.** ☐ Er schenkt ihr ein Buch.

ÜBUNGEN

9. Was passiert noch auf der Fahrt?

   a. ☐ Veronika spricht nicht mehr. - **b.** ☐ Der Andere spricht nicht mehr. - **c.** ☐ Sie sprechen miteinander und lernen sich näher kennen. - **d.** ☐ Veronika liest in einer Zeitschrift.

10. Wie fühlt sich der Andere am Ende der Reise?

    a. ☐ Er ist zufrieden. - **b.** ☐ Er ärgert sich über sich selbst. - **c.** ☐ Er freut sich, weil er endlich wieder allein ist. - **d.** ☐ Er denkt, dass er nicht das Richtige gesagt hat.

Wortschatz

1 Verkehrsmittel — Vervollständige die Tabelle.
Die Reise nach Hannover ist lang. Welche Vor- und Nachteile haben da...

das Auto	die Bahn	das Flugzeug	das Fahrrad

a. schnell - b. langsam - c. man kann (nicht) arbeiten oder lesen - d. man muss eine Stunde früher da sein - e. anstrengend - f. nicht immer pünktlich - g. es wird manchmal gestreikt - h. es gibt viele Unfälle - i. man kann etwas essen - j. man muss mit anderen Leuten zusammen sitzen - k. man hat seine Ruhe ...

ÜBUNGEN

2 Rund um den Bahnhof
Schreibe unter jedes Foto die passende Bezeichnung von der Liste

> e Gleisanlage(n)   r Speisewagen(n)   r Schaffner(-)
> e Bahnhofshalle(n)   s Stellwerk(e)   r Fahrkartenschalter(-)

1. ....

2. ....

3. ....

4. ....

5. ....

6. ....

Sprechen

1 Situationen – praktisches Deutsch
In deinem Abteil sitzen zwei ältere Damen und eine Mutter mit zwei Kindern. Die Kinder singen und schreien, sie wollen nicht mehr stillsitzen. Ihre Mutter tut nichts und liest eine Zeitschrift. Die älteren Damen packen ihre Brote aus.
Was sagst du?

— Eine der älteren Damen bietet dir ein Brötchen an: „Sie sehen hungrig aus. Sie müssen doch etwas essen…"

— Eine der älteren Damen findet: „Sie sehen so traurig aus. Was haben Sie denn?"

— Eine der älteren Damen sagt: „Wissen Sie, ich habe einen Enkel/eine Enkelin in Ihrem Alter." Sie holt ein Foto aus der Tasche und beginnt zu erzählen … Du kennst die Person auf dem Foto. Er/Sie ist dumm und arrogant.

— Eines der Kinder macht deine Hose schmutzig. Die Hose ist neu.

— Die Mutter liest nicht mehr in der Zeitschrift. Die Zeitschrift interessiert dich sehr und du möchtest sie lesen.

— Du musst deine Deutsch-Vokabeln lernen, die Kinder sind aber zu laut.

— Du hast die Mutter schon einmal im Fernsehen gesehen und möchtest ein Autogramm von ihr.

— Du gehst auf die Toilette. Als du nach drei Minuten zurück kommst, ist dein Koffer weg.

— Der Zug bleibt stehen, mitten auf einem Feld. Die älteren Damen werden böse: „Das ist wieder mal typisch! Früher waren die Züge pünktlich." Sagst du etwas?

— Ein interessanter junger Mann/ eine interessante junge Frau kommt ins Abteil und fragt, ob noch ein Platz frei ist.

ÜBUNGEN

Ein bisschen **Grammatik**

1 Setze die passenden Präpositionen ein.

a. Der Zug fährt .... Brake nach Herford.

b. .... Abteil sitzen drei hässliche junge Männer.

c. .... Bahnhof stehen viele Taxis.

d. Veronika wartet .... dem Bahnsteig.

e. Ich habe meine Frau .... Zug kennen gelernt.

f. Wo kann ich .... den Zug einsteigen?

g. Wann kommt der Zug .... Nürnberg an?

h. Onkel Jörg sitzt .... der Bank und schläft.

Hörverständnis

1 Hör dir die Durchsagen an und trage die passenden Informationen in die Tabelle ein. Höre die Durchsagen zweimal.

	Abfahrtszeit	Gleis
Eilzug nach Herford		
Intercity nach Hamburg-Altona		
D-Zug nach Freiburg		

KAPITEL 2

Zu Hause

Veronika ist in zehn Minuten zu Hause.

Sie wohnt in einem Appartement in der Innenstadt. Die Wohnung ist nicht groß: Küche, Wohn- und Schlafzimmer, ein Bad — alles im Kleinformat.

Wohnungen in der Innenstadt sind sehr teuer. Veronika verdient viel und kann sich die hohe Miete leisten. Schon als Kind war das ihr Traum gewesen: ein Appartement im Zentrum, ganz für sich allein.

Sie ist erst seit fünf Minuten zu Hause, da läutet das Telefon.

„Hej, Liebste!"

„Ach du bist's, Gerd. Endlich! Seit heute Morgen versuch ich dich anzurufen."

„Tut mir Leid. Ich war den ganzen Tag bei Kunden. Jetzt bin ich auf dem Weg nach Hause. Und du? Wie war's denn? Bist du jetzt erst nach Hause gekommen?"

Veronikas Geheimnis

„Furchtbar anstrengend [1]. Den ganzen Morgen Besprechung [2]. Die neue Kampagne. Dann mit dem Zug von Straßburg nach Hannover. Dieser blöde Pilotenstreik [3]. Ich bin todmüde."

„Hast du im Zug was gegessen?"

„Nein, nein, gearbeitet hab' ich."

„Dann hol ich dich in zehn Minuten ab und wir gehen zusammen was essen!"

„Ach, Gerd, weißt du ... ich bin wirklich hundemüde [4]. Ich esse schnell was zu Hause und gehe ins Bett."

„Schade." Gerd ist enttäuscht.

„Sorry, Gerd. Wir sehen uns morgen, O.K.?"

„Ja, O.K., aber ... Veronika ..."

„Was denn?"

„Ja siehst du Veronika, ich frage mich immer wieder, warum wir immer noch getrennt leben? Warum ziehen wir nicht einfach zusammen [5], dann gibt es diese Probleme nicht mehr."

„Ich weiß, Gerd. Vielleicht hast du ja Recht. Aber lass uns morgen darüber sprechen, in Ordnung?"

„Morgen, ja. Morgen sprechen wir wirklich darüber."

„Gute Nacht, Gerd."

„Gute Nacht, Kleines."

Veronika geht in die Küche.

Im Kühlschrank liegen Schinken, Käse, Salat, ein paar Tomaten. Eine Flasche Sekt steht auch da, aber Veronika trinkt lieber Mineralwasser.

1. **anstrengend** : was müde macht.
2. **e Besprechung(en)** : Konferenzen, Diskussionen.
3. **r Streik(s)** : aus Protest arbeiten die Leute nicht.
4. **hundemüde (Jargon)** : sehr müde.
5. **zusammenziehen** : tut man, um zusammen zu leben.

Veronikas Geheimnis

Sie legt zwei Tomaten, ein Stück Käse und eine Scheibe Knäckebrot [1] auf den Teller und geht zurück ins Wohnzimmer. Sie setzt sich aufs Sofa, macht den Fernseher an und zappt sich durch die Programme.

Sie sieht selten fern. Shows und Diskussionssendungen sind nichts für sie. Im Dritten läuft ein Schwarzweißfilm mit Heinz Erhardt. Veronika mag Heinz Erhardt nicht. Aber sie schaltet nicht mehr um [2]. Sie sitzt auf dem Sofa und isst. Sie ist nachdenklich. Sie denkt an Gerd.

„Armer Gerd! Natürlich will er mich öfter sehen, am liebsten jeden Tag mit mir zusammen sein. Und ich? Einmal pro Woche ist schon mehr als genug. Ich bin eben lieber allein. Das ist schon immer so gewesen. Zusammen leben? Das ist nichts für mich. Aber wie soll ich Gerd das erklären? Es gibt nichts an ihm auszusetzen [3]: er ist lieb und zärtlich [4], klug ist er auch. Was will ich mehr? Liebe? Ich liebe ihn nicht. Alle sagen, das ist das Wichtigste... Ist ja auch egal [5], ich muss einfach allein leben. Morgen muss ich es ihm sagen. Morgen Abend. So geht es nicht weiter."

Veronika schaltet den Fernseher aus und geht ins Bett. Aber auch im Bett muss sie noch nachdenken.

Sie schläft schlecht. Im Traum sieht sie immer wieder Gerd, fahrende Züge und Zeichnungen.

1. **s Knäckebrot(e)** : trockenes Brot aus Skandinavien, kalorienarm.
2. **umschalten** : Programm wechseln.
3. **an jdm. etwas auszusetzen haben** : immer etwas an jdm. kritisieren.
4. **zärtlich** : sanft, nicht aggressiv, nicht grob.
5. **etwas ist (jdm.) egal** : interessiert nicht, gleichgütig.

Zu Hause

Am Morgen ist sie immer noch müde und gereizt [1].

„So eine Nacht!" seufzt sie und geht in die Küche.

Sie macht die Kaffeemaschine an. Sie will eine Tasse aus dem Schrank nehmen. Die Tasse fällt ihr aus der Hand.

Ihre Hand zittert.

„Was ist nur mit mir los?" fragt sie sich. „Warum geht es mir immer wieder so schlecht?"

Sie trinkt ihren Kaffee. „Ich arbeite zu viel", denkt sie.

Veronika ist noch jung — sie ist erst siebenundzwanzig — und hat doch schon eine leitende [2] Stellung in ihrer Firma.

Für das, was sie da tut, hat man im Deutschen einen englischen Namen: sie ist Marketing Managerin. Das heißt Stress.

Aber Veronika weiß, dass nicht die Arbeit das Problem ist. Nicht heute.

„Immer wenn ich klar sagen muss, was ich will, dann bekomme ich Probleme. Aber nur im Privatleben. Zu blöd [3]."

Dann trinkt sie noch ein Glas Mineralwasser. Sie isst nichts.

Gerd sagt immer: „Das Frühstück ist die wichtigste Mahlzeit des Tages."

Sie kann morgens nichts essen, nicht vor zehn Uhr.

Sie zieht sich vor dem Spiegel an: weiße Bluse [4], dunkelgrüner Rock, Seidenschal [5]. Dann kämmt sie sich und bindet die Haare zu einem eleganten Knoten hoch.

---

1. **gereizt** : nervös und aggressiv.
2. **leitende Stellung** : berufliche Position, in der man andere führt (leitet).
3. **blöd** : dumm.
4. **e Bluse(n)** : Hemd für Frauen.
5. **r Seidenschal(s)** : Schal aus einem teuren Stoff.

Veronikas Geheimnis

Veronika geht zu Fuß. Zum Büro hat sie es nicht weit. Das ist der Vorteil, wenn man in der Innenstadt wohnt.

Heute ist die Straße weiß. Auf den Häusern und auf den Autos, auf Bäumen und Bänken liegt frischer Schnee. Der Schnee auf dem Bürgersteig und auf der Straße ist schon weggeräumt. Doch Veronika freut sich wie ein Kind. Sie mag Schnee — weißen, frischen Schnee. Sie bleibt stehen, nimmt eine Handvoll Schnee von einem Auto und formt einen Schneeball. Sie geht weiter, den Ball in der Hand. Vor dem Bürohaus trifft sie einen Kollegen.

„Guten Morgen, Frau Pörten!" sagt er. Dann sieht er den Schneeball in ihrer Hand. „Aber Frau Pörten", sagt er, „sind wir nicht ein bisschen zu groß, um noch mit Schneebällen zu spielen?" Er lacht.

Veronika sieht auf ihren Schneeball und wirft ihn weg.

Sie ist traurig. Sie fühlt sich wieder schrecklich erwachsen.

„Er hat ja Recht." denkt sie, „In meinem Alter spielt man nicht mehr im Schnee."

Als sie ins Büro kommt, ist sie wieder Veronika Pörten, die seriöse und strenge[1] Managerin.

---

1. **streng** : will Disziplin

ÜBUNGEN

Leseverständnis

1 Kreuze an, was richtig ist.

1. Wer ist Gerd?
    a. ☐ Ein Freund.
    b. ☐ Veronikas Freund.
    c. ☐ Veronikas Bruder.

2. Warum hat Veronika nicht das Flugzeug genommen?
    a. ☐ Es hatte einen Streik gegeben.
    b. ☐ Sie hat Angst vor dem Fliegen.
    c. ☐ Fliegen ist für sie zu teuer.

3. Was isst Veronika nicht?
    a. ☐ Tomaten.
    b. ☐ Knäckebrot.
    c. ☐ Schwarzbrot.

4. Wie findet Veronika den Film mit Heinz Ehrhardt?
    a. ☐ Sie mag den Schauspieler nicht und interessiert sich nicht für den Film.
    b. ☐ Sie mag den Schauspieler nicht, findet aber den Film sehr spannend.
    c. ☐ Sie mag den Schauspieler, aber den Film nicht.

5. Was will sie Gerd am nächsten Abend sagen?
    a. ☐ Dass sie ihn nicht liebt.
    b. ☐ Dass sie lieber allein leben will.
    c. ☐ Dass sie ihn nicht mehr sehen will.

6. Wie geht es Veronika am nächsten Morgen?
    a. ☐ Sie fühlt sich frisch und ausgeschlafen.
    b. ☐ Sie hat nicht gut geschlafen, fühlt sich aber frisch.
    c. ☐ Sie hat nicht gut geschlafen und ist gereizt.

ÜBUNGEN

7. Warum fühlt sie sich auf der Straße besser?
   a. ☐ Es hat geschneit und sie kann den ganzen Tag im Schnee spielen.
   b. ☐ Es hat geschneit und sie mag Schnee.
   c. ☐ Es hat geschneit und sie kann nicht ins Büro.
8. Was findet der Kollege an Veronika komisch?
   a. ☐ Ihren Namen.
   b. ☐ Sie ist erwachsen und spielt noch mit Schneebällen.
   c. ☐ Mit Schneebällen spielen findet er lustig.

Wortschatz

1 Welches Wort von der Liste passt?

a. Ich suche einen .... Mann, nicht so einen Cowboy-Typ.
b. Das interessiert mich wirklich nicht, das ist mir ganz ....
c. Was ist denn heute mit dir? Du wirst so schnell böse, bist so .... Hast du schlecht geschlafen?
d. Unser Lehrer ist ...., schon bei 5 Fehlern müssen wir die Arbeit noch einmal machen.
e. Lass mich jetzt in Ruhe, ich bin wirklich ....
f. Warum ich so müde bin? Das war wirklich ein...................... Tag.

> gereizt   hundemüde   zärtlich   anstrengend   egal   streng

2 Sag's anders. Verwende die Wörter und Ausdrücke von der Liste unten.

Beispiel: E*r ist wirklich sehr sehr dumm.* ➜ *Er ist blöd.*

a. Karriere interessiert mich nicht.
b. Was ich auch tue, er kritisiert mich immer.

c. Die Lehrer wollen mehr Geld, deshalb arbeiten sie heute nicht.
d. Vom Vokabellernen werde ich müde.

> etwas auszusetzen haben   anstrengend sein
> jdm. egal sein   streiken

Ein bisschen **Grammatik**

❶ Setze die passenden Konjunktionen von der Liste ein.

Veronika hat einen jungen Mann im Zug kennen gelernt. Zuerst hat er ihr nicht gefallen, ¹ .... er wie ein Alternativer aussah. Auch er mochte Veronika nicht, ² .... er sie hübsch fand.
³ .... sie am Computer arbeitete, hat er gezeichnet. Sie hat sich gefragt, ⁴ .... er wirklich ein Künstler ist. ⁵ .... sie neue Leute kennen lernt, ist Veronika immer misstrauisch.
⁶ .... sie in Hannover ankamen, hat sie ein Taxi genommen.

> als   ob   obwohl   während   weil   wenn

Sprechen

❶ Single-Leben — Du unterhältst dich mit einem Freund/ mit einer Freundin ...

1. Wie viele und was für Räume soll dein Appartement haben? Gut, ein Schlafzimmer, aber auch einen Fitnessraum, einen Meditationsraum, ein Fernseh- und Videozimmer, ein Arbeitszimmer, einen Partyraum ...?
2. Wie sehen Badezimmer und Küche aus? Luxuriös, alternativ, ...
3. Was steht oder liegt im Kühlschrank? Was ist immer zu essen oder zu trinken da? Eine trockene Salami, Schinken, Wasser, Wodka, Sekt, Thunfisch, Cracker, Jogurt, Schokoladeneis, ...

Nicht alle finden
Komiker komisch

Viele glauben nicht, dass es deutsche Komiker gibt. Es gibt sie. Aber nicht alle Deutschen finden deutsche Komiker lustig. Beim einen heißt's, er sei zu alt und seine Witze zu bekannt. Den andern findet man zu norddeutsch und den dritten wieder zu süddeutsch, zu östlich oder westlich können sie natürlich auch sein und einen Schweizer Humor und einen aus Österreich soll es auch geben. Da bleibt man doch lieber bei Dick und Doof alias Stan Laurel und Olly Hardy.

Wo nicht deutsch gesprochen wird? Da sind deutsche Komiker nicht bekannt, oder nicht lustig.

Versuchen wir's. *Die Autobiographischen Notizen* des Schauspielers und Dichters Heinz Erhardt (1909-1979) beginnen so: „Als ich geboren wurde, war ich noch sehr jung.

Meine Eltern waren zwei Stück. ..." Als Autor belehrt er uns zum Beispiel: „Da kann einer sagen, was er will, / das beste Essen ist immer noch das Trinken."

Nun? Ein etwas jüngerer Komiker namens Otto (geb.1948) schreibt über sich selbst: „Sie glauben, Sie wären klein und hässlich? Dann müssen Sie erstmal Otto sehen! Er ist Ostfrieslands Antwort auf Rambo ..."

Schon besser? Am besten, du siehst dir die Filme dieser Leute an. Heinz Erhardt in *So ein Millionär hat's schwer* (1958) oder in *Ach, Egon* (1961).

Norddeutsches gibt es in *Otto – Der Film* (1985) oder in *Otto – der Außerfriesische* (1989).

Gerhard Polt (geb.1942) kommt aus Bayern. Sein Film *Man spricht deutsh* (1988) spielt in Italien. Die deutsche Familie verbringt ihren Urlaub an der Adria. Vater und Mutter sitzen am Strand und träumen … Wovon träumt Papa am Strand? – Und Mama? Was passiert? Wie glaubst du, könnte die Handlung des Films sein?

Hier die Daten zum Film
Gattung: Komödie
Regie: Hanns Christian Müller
Hauptdarsteller: Gerhard Polt, Gisela Schneeberger, Dieter Hildebrand, Werner Schneyder, Pamela Prati
Spielzeit: 84 Minuten

KAPITEL 3

Im Büro

Veronikas Büro liegt im vierten Stock.

Frau Hätzel, ihre Sekretärin kommt sofort zu ihr.

„Frau Pörten, heute Morgen kommt ..."

„Ich weiß, ich weiß", antwortet Veronika. Sie braucht nicht auf ihren Terminkalender zu sehen.

„Halb zehn. Dr. Flöns von Alkona: Alles was Ihr Haar braucht."

„Er hat gerade angerufen. Er kommt schon um halb neun."

„So früh?"

„Ja, er hat angerufen. Um zehn geht sein Flug nach Madrid."

„Wo sind die Zeichnungen für die Kampagne?"

„Die liegen auf Ihrem Schreibtisch."

„Dr. Heinz hat sie schon gesehen?"

„Ja, ihm haben sie gefallen. Und er hat dieselben Bilder ausgesucht wie Sie."

„Gut. Also diese hier ...". Veronika nimmt die Zeichnungen und legt sie vor sich auf den Tisch.

„Gute Idee, gut gezeichnet. Originell, aber nicht zu sehr … Was meinen Sie?"

Frau Hätzel lächelt. „Das finde ich auch. Dr. Flöns wird zufrieden sein."

Sie ist immer so nett und freundlich. „Wie macht sie das nur?" denkt Veronika.

„Dr. Flöns und zufrieden? Na, hoffentlich", sagt sie.

Pünktlich um halb neun kommt Dr. Flöns herein.

„Um neun muss ich am Flughafen sein", erklärt er. „Haben Sie Ihre Vorschläge fertig?"

„Natürlich." Veronika zeigt ihm die Bilder. Er sieht sich jede Zeichnung an.

„Ja, gut. Und der Text? Der passende Slogan?"

„Ich dumme Kuh [1]!" denkt Veronika. „Wie konnte ich das vergessen?"

„Ja, sehen Sie …" Veronika muss Zeit gewinnen. Zum Glück läutet in diesem Moment das Telefon.

„Entschuldigen Sie", sagt sie zu Dr. Flöns. Er sieht auf die Uhr.

„Ich will Sie nicht stören", sagt Frau Hätzel, „aber Herr Pochette, der Zeichner ist hier. Ich dachte, vielleicht möchte Dr. Flöns ihn kennen lernen."

„Ja, gute Idee", antwortet Veronika. „Lassen Sie ihn herein."

„Vielleicht kann der mir ja helfen. Beim Zeichnen muss ihm doch etwas eingefallen [2] sein", denkt Veronika.

„Der Werbezeichner ist hier …." sagt sie zu Dr. Flöns.

Er sieht wieder auf die Uhr. „Hm. Ich habe noch etwa zehn Minuten Zeit …"

---

1. **e Kuh("e)** : gibt Milch und macht muh.
2. **jdm. fällt etwas ein** : jd. hat eine Idee.

Veronikas Geheimnis

Da kommt der Zeichner ins Büro. Er ist groß, die schwarzen Haare trägt er schulterlang.

Selbstsicher geht er zum Schreibtisch.

„Das gibt's doch nicht!" denkt Veronika. Den kennt sie doch! Es ist ... der Mann aus dem Zug, der mit dem Zeichenblock.

Veronika und Dr. Flöns stehen auf.

„Herr Pochette, freut mich sehr", sagt Veronika. „Darf ich Ihnen Dr. Flöns von der Firma Alkona vorstellen?"

„Freut mich", sagt Max und gibt Dr. Flöns die Hand. Sein Lächeln kennt Veronika gut.

„Angenehm", sagt Dr. Flöns.

Sie setzen sich.

Im Büro

„Ja, also Herr …Poschett…"

„Sagen Sie ruhig Pochette, der Name kommt aus dem Französischen, ist aber deutsch. Sie wissen, die Hugenotten…"

„Ah, ja, also Herr Pochette, Herr Dr. Flöns von der Firma Alkona möchte wissen, welchen Slogan Sie für die Kampagne äh … kreiert haben."

„Welchen Slogan?" fragt er erstaunt.

„Ja, den Slogan!" Dr. Flöns ist sichtlich[1] gereizt.

„Etwas wie … mit Alkona sind Sie schöner…", ergänzt Veronika.

1. **sichtlich** : man kann es schon sehen.

Veronikas Geheimnis

Dr. Flöns sieht sie böse an. „Nun?" fragt er.

„Ja, natürlich", antwortet Max nach einer Pause. „Sehen Sie, die Shampooflasche tanzt und singt, der Mann lacht. Das Shampoo singt…"

„Singt was?" fragt Dr. Flöns entnervt [1].

„Glückliches Shampoo, glückliche Menschen. Was meinen Sie?"

Dr. Flöns sieht ihn an. Dann sieht er Veronika an. Dann wieder Max.

Herr Flöns nimmt die Zeichnungen und schreibt den Slogan dazu.

Er steht auf.

„Jaja, gut, gut", sagt er. „Nicht schlecht, das nehmen wir."

„Wollen Sie gleich unterschreiben?" fragt Veronika.

„Ja, ist der Vertrag [2] denn fertig?"

„Natürlich. Meine Sekretärin hat schon alles vorbereitet."

Dr. Flöns unterschreibt und geht.

Veronika und Max sind allein im Büro.

„Danke", sagt sie. „Sie haben mich gerettet [3]."

„Und die Belohnung [4]?" fragt Max.

„Natürlich. Frau Hätzel hat auch Ihren Vertrag schon fertig. Wir legen noch etwas drauf [5]… für den Slogan."

„Gut."

---

1. **entnervt** : sehr gereizt.
2. **r Vertrag("e)** : Kontrakt.
3. **jdn. retten** : jdm. in einer sehr dramatischen Situation helfen, vor dem Ertrinken zum Beispiel.
4. **e Belohnung(en)** : Prämie; etwas Gutes, das man für eine gute Tat bekommt.
5. **noch etwas drauflegen** : noch etwas dazu tun, mehr geben.

„Das gibt eine schöne Summe", sagt sie wichtig.

„Na, da werde ich ja endlich reich." Er lacht.

„Ja, wollen Sie mir etwa erzählen, Geld interessiert Sie nicht?"

„Wir wollen ja nicht gleich übertreiben [1]. Geld verdienen ist mir schon wichtig, aber nicht so sehr wie vielen anderen Leuten ... sagen wir, Dr. Flöns."

Veronika lächelt. Sie denkt an Dr. Flöns, der es immer eilig hat, mit seiner teuren Uhr und der Krawatte von Albani.

„Unrecht hat er da nicht, dieser Max. Für Dr. Flöns gibt es sicher nichts anderes als Geld..."

Dann steht sie auf. „Jetzt müssen Sie mich leider entschuldigen, ich habe noch einen Termin."

„Termin?" fragt Max. „Es ist jetzt zehn nach neun. Den nächsten Termin haben Sie in anderthalb Stunden."

„Woher wollen Sie das wissen?" Veronika ist baff [2].

„Ihre Sekretärin ist wirklich nett."

„Frau Hätzel?"

„Sie heißt Inge. Und Sie haben noch Zeit, Zeit genug für einen Kaffee. Meine Belohnung ..."

„Jetzt? Einen Kaffee?"

„Ja, warum nicht. Oder ein kleines Frühstück."

---

1. **übertreiben** : zu viel tun oder sagen.
2. **baff sein (Jargon)** : sehr erstaunt, nicht wissen, was man antworten soll.

Leseverständnis

1 Was passt auf wen? Wer ist wie? Wer sagt was?
Schreibe den Anfangsbuchstaben des Namens von Max (M), Veronika (V), Frau Hätzel (H) und Dr. Flöns (F) in das passende Feld.

a. Marketing-Managerin einer Agentur — V
b. Zeichner von Reklame-Bildern
c. Manager oder Chef der Firma Alkona
d. Der Mann, der Veronika im Zug gegenüber gesessen hat
e. Veronikas Sekretärin
f. Ist immer freundlich
g. Hat ein nettes Lächeln
h. Hat wenig Zeit
i. Ich habe den Slogan vergessen!
j. Ich muss um neun am Flughafen sein
k. „Glückliches Shampoo, glückliche Menschen"
l. Ich möchte eine Belohnung
m. Wir bezahlen Ihnen etwas extra
n. Gehen wir einen Kaffee trinken!
o. Geld interessiert mich schon, aber es gibt auch anderes im Leben

p. ☐ hilft Veronika in einer schwierigen Situation
q. ☐ lädt sie ein
r. ☐ sagt, sie hat keine Zeit
s. ☐ weiß, dass sie Zeit hat

ÜBUNGEN

Sprechen

1 Wen findest du wie?

Nett, unsympathisch, arrogant, stressig, interessant, ...

2 Einladungen annehmen oder ablehnen ...
Eine junge Frau oder ein junger Mann lädt dich ein. Du kennst ihn/sie noch nicht lange. Was antwortest du?

a. Er/Sie möchte mit dir einen Kaffee trinken gehen.
b. Er/Sie möchte mit dir essen gehen.
c. Er/Sie möchte mit dir im Wald spazieren gehen.
d. Er/Sie möchte mit dir ein Wochenende im Gebirge verbringen.
e. Er/Sie lädt dich zu einer Kreuzfahrt durchs Mittelmeer ein.
f. Er/Sie möchte mit dir eine Wanderung durch Patagonien machen.
g. Er/Sie hat eine Rakete und möchte mit dir auf den Mond fliegen.
h. Er/Sie will dich heiraten. Morgen früh.

Wortschatz

1 Für einen Vertrag braucht man zwei Personen (oder Parteien) Welche Erklärung a)- e) passt zu welchem Vertrag?

> Mietvertrag   Ehevertrag   Arbeitsvertrag
> Kaufvertrag   Versicherungsvertrag

a. Da steht, was ich bezahlen muss und was ich bekomme, wenn ich krank werde, einen Unfall habe oder auf Rente gehe.
b. Da steht, was ein Arbeitnehmer wann und wie lange tun muss, wie viel Geld er dafür bekommt und was Arbeitnehmer und Arbeitgeber tun dürfen und was nicht.

c. Da steht, welche Wohnung (oder welches Haus) jemand, wann und wie lange bewohnen darf, wie viel Geld er dafür bezahlen muss, was er und was der Eigentümer tun und nicht tun darf.

d. Da steht, was ich von wem bekomme und wie viel ich dafür bezahle.

e. Da steht, was jeder der beiden Partner tun und nicht tun darf und was passiert, wenn einer der Partner etwas tut, was er (oder sie) nicht tun darf

2 Welchen Vertrag holst du aus dem Schrank, wenn ...

a. ... dein Mann/ deine Frau jeden Abend Fußball spielen geht und keine Zeit mehr für Küche und Kinder hat?

b. ... die Dusche nicht mehr funktioniert und der Vermieter sagt, du musst die Reparatur selbst bezahlen?

c. ... du ein Motorrad gekauft hast, das am nächsten Tag in Stücke fällt?

d. ... dein Nachbar fünf Monate lang an jedem Wochenende seine Wohnung renoviert und du nicht mehr schlafen kannst?

e. ... jemand dein Fahrrad gestohlen hat?

Ein bisschen **Grammatik**

1 Setze die passende Konjunktion ein.
Du bist Dr. Flöns und sitzt in Veronikas Büro. Was fragst du sie?

a. Ich frage sie, ... sie weiß, dass ich wenig Zeit habe.

b. Ich frage sie, ... sie die Zeichnungen hat.

c. ..., ... die Zeichnungen kosten sollen.

d. ..., ... die Slogans sind.

e. ..., ... sie die Slogans vergessen konnte.

f. ..., ... wir jetzt tun sollen.

ÜBUNGEN

g. Max fragt andere Dinge: Er möchte wissen, ... sie mit ihm einen Kaffee trinken geht.

h. Er möchte wissen, ... sie Dr. Flöns findet.

Hörverständnis

1 Höre dir die Slogans an. Für welche der hier abgebildeten Produkte wird Reklame gemacht?

a. ....

b. ....

c. ....

d. ....

e. ....

f. ....

KAPITEL 4

Kaffee und Kuchen?

Veronika will in die kleine Espresso-Bar in der Nähe des Büros. Aber Max bleibt vor einem altmodischen [1] Café stehen.

„Beim Italiener gibt es nur Stehtische", sagt er. „Hier können wir uns hinsetzen. Was meinen Sie?"

„Offen gesagt, ich …" sagt Veronika und sieht auf die Uhr.

Max lacht: „Jetzt spielen Sie wieder Dr. Flöns! Die Zeit drängt [2], wie?"

Veronika bestellt einen Kaffee. Max holt sich ein Stück Sacher-Torte.

1. **altmodisch** : wie von früher.
2. **die Zeit drängt** : wir haben wenig Zeit.

Kaffee und Kuchen?

„Am frühen Morgen?" fragt Veronika. „Können Sie denn dann noch arbeiten?"

„Aber sicher ... Schokolade muss sein. Wollen Sie keine Torte?"

„Nein danke. Ich lebe gesund, so weit das geht. Und gegen Schokolade bin ich allergisch."

„Sie Ärmste! Sind Sie sicher?"

„Von Schokolade bekomme ich scheußliche Pickel [1]."

„Schade. Schokolade bringt die Phantasie auf Trab [2]. Und Schokolade hilft ....."

Veronika lächelt müde.

„Arbeiten Sie schon lange in der Agentur hier?" wechselt Max das Thema.

„Seit anderthalb Jahren. Und Sie ... seit wann ... zeichnen Sie?"

„Seit ich auf der Welt bin", antwortet er.

„Im Ernst! Nun sagen Sie schon!"

„Das meine ich ernst. Ich habe schon immer gezeichnet."

„Das macht Spaß, denke ich mir."

„Spaß? Ja und nein. Zeichnen und Malen, das ist mein Leben, verstehen Sie?"

„Da sind Sie also ein richtiger Künstler."

„Künstler? Glaub ich nicht. Keine Ahnung [3], vielleicht kommt das später. Aber sprechen wir von Ihnen. Was machen Sie denn, wenn Sie nicht in Ihrem schönen, großen Büro sitzen?"

„Was ich ... nichts. Sonst mache ich eigentlich [4] nichts."

„Nichts?"

1. **r Pickel**(=) : rote Punkte, meistens im Gesicht.
2. **jdn. auf Trab bringen** : jdn. zum Arbeiten bringen.
3. **Keine Ahnung (Jargon)** : das weiß ich nicht.
4. **eigentlich (Partikel)** : im Prinzip, in der Regel.

Veronikas Geheimnis

„Nichts Interessantes, meine ich. Ich geh ins Kino, manchmal ins Theater, lese ..."

„Gehen Sie oft ins Kino?"

„Ja, eigentlich ja. Aber was die in den letzten Jahren so zeigen, gefällt mir gar nicht."

„Verstehe, Opas Filme sind die besten..."

„Genau."

„Sie meinen so Filme wie 'Casablanca', 'Eins, zwei, drei' oder 'Die Nacht der lebenden Toten' ..."

„Ja, auch noch ältere wie 'Metropolis' oder 'Anna Karenina', ich meine die ersten Verfilmungen ..."

„... mit Greta Garbo."

„Richtig, also kurz gesagt: Filme, die kein Mensch mehr sehen will. Es gibt in Hannover ein Kino, wo sie solche Filme zeigen, aber mein Freund ..."

„...findet sie schrecklich langweilig", ergänzt Max. „Schade nicht? Ich will auch nur solche Filme sehen."

„Das gibt´s doch nicht", erwidert sie. „Ich habe noch niemanden getroffen, der ..."

„...mit Ihnen ins Kino geht." Auch er ist überrascht. So lebhaft hatte er Veronika noch nicht erlebt.

„Gehen wir doch heute Abend, im „Babylon" gibt's 'M — eine Stadt sucht einen Mörder'."

„Das geht nicht", antwortet sie. „Heute Abend bin ich schon verabredet. Mit meinem Freund."

„Ach so." Max ist enttäuscht. „Sind Sie sicher?"

„Ganz sicher." Sie denkt an ihre Probleme mit Gerd.

„Und morgen?"

„Ich weiß nicht."

„Wird dann Ihr Freund böse? — Ist er groß und stark? Ich habe keine Angst ..."

Veronika lacht. Sie will nicht, aber sie kann sich nicht beherrschen [1].

„Eigentlich unverschämt [2] ... aber lustig ist er auch."

„Also gut, morgen Abend."

Auf der Straße ist wieder alles weiß. Es fällt immer noch Schnee.

1. **sich beherrschen** : sich kontrollieren.
2. **unverschämt** : ohne Respekt; frech.

Veronikas Geheimnis

Max nimmt ein bisschen Schnee von einem Auto und formt einen Schneeball.

Vor Veronikas Büro angekommen, wirft er im ihr auf den Mantel.

„Dann Tschüss, bis morgen", ruft er ihr nach.

Sie lacht noch, als sie im Fahrstuhl steht.

Im Büro lacht sie nicht mehr.

„Das war dumm von mir", denkt sie. „Ich kenne ihn doch gar nicht. Warum habe ich ja gesagt?"

Aber sie weiß warum: dieser Max ist lebhaft und lustig und ... gefällt ihr.

„Aber was soll ich bloß Gerd sagen?"

In diesem Moment läutet das Telefon.

„Frau Pörten, da ist Herr Vorweerk am Apparat."

„Gerd!" denkt Veronika. Plötzlich fühlt sie sich schwach, bekommt nicht mehr richtig Luft. „Was habe ich nur? Er ist doch mein Freund. Seit mehr als zehn Jahren. Habe ich Angst vor ihm?"

„Hej, ich bin's, Gerd."

„Hallo, Gerd."

„Was ist denn Liebste? Du hörst dich so seltsam an [1]?"

„Nichts, nichts, Gerd. Es ist nur ... ich bin einfach ein bisschen müde, weißt du?"

„Das kann ich verstehen. Und ... heute Abend ... es ist etwas passiert, Veronika."

„Was denn?"

---

1. **etwas/jd. hört sich ... an** : etwas/jd. klingt ..., scheint (akustisch).

Kaffee und Kuchen?

„Meine Mutter hat einen leichten Infarkt gehabt. Jetzt liegt sie in Osnabrück im Krankenhaus und …"

„Um Gottes Willen. Da willst du sie natürlich nicht allein lassen."

„Ja, ich habe erst mal drei Tage Urlaub genommen. Also heute Abend und morgen können wir uns leider nicht sehen. Tut mir Leid, Veronika."

„Das ist doch jetzt nicht so wichtig Ich bin im Moment sowieso[1] sehr müde. Mach dir keine Gedanken."

„Ja, in einer Stunde fahre ich los. Ich rufe dich dann an."

„Schön, also dann…"

„Und …" Gerd legt noch nicht auf.

„Ja?" fragt Veronika.

„Ich liebe dich", sagt Gerd.

Veronika holt Luft.

„Ich dich auch", sagt sie, aber Gerd hat schon aufgelegt.

„Na ja", denkt sie. „Armer Gerd. Aber so habe ich wenigstens Zeit zum Nachdenken."

---

1. **sowieso** : garantiert, in jedem Fall.

Leseverständnis

1 Kurz und bündig. Antworte mit ja oder nein.

a. Gibt es etwas, das beiden gefällt?
b. Findet Veronika Max interessant?
c. Verabreden sie sich?
d. Wirft Max mit einem Schneeball nach Veronika?
e. Lacht Veronika über Max?
f. Lacht sie im Büro?

2 Das erste Gespräch.

Über welche Themen sprechen Veronika und Max? Kreuze an.
a. ☐ Sprachenlernen
b. ☐ Arbeit
c. ☐ Schokolade
d. ☐ Kleidung
e. ☐ Theater
f. ☐ Liebe
g. ☐ Zeichnen
h. ☐ Filme

3 Hypothesen.
Im Kino — was sagt Veronika?

a. Max lädt sie ins Kino ein. Stell dir vor ...
   Es gibt *Troy* mit Brad Pitt.
   Frankenstein mit Boris Godunov
   Titanic mit Leonardo di Caprio.
b. Max bringt ihr Pralinen mit.

ÜBUNGEN

Wortschatz

1 Vor- und Nachteile. Such dir aus, was passt.
Sie will in die Espresso-Bar, er ins Café; er isst Schokoladenkuchen, sie nicht. Warum (nicht)?
Welche Nachteile hat die Espresso-Bar, welche Nachteile hat Schokolade und das Café?

Espresso-Bar	Schokolade / Café

a. ist oft teuer
b. italienischer Espresso ist besser als deutscher Kaffee
c. da kann man nur stehen
d. hat viele Kalorien
e. manche Leute sind allergisch
f. ist nicht immer schick
g. da muss man sich hinsetzen
h. ist schlecht für die Zähne
i. da gibt es keine Torten

Ein bisschen **Grammatik**

❶ Ergänze die Lücken mit dem Wortmaterial aus der Liste.

Max' bester Freund Bernd lebt nicht in Deutschland. Max schreibt ihm oft.

Es ist etwas geschehen, lieber Bernd, ¹ .... ich ² .... einfach erzählen ³ .... Ich habe mich verliebt. Sie heißt Veronika und ich ⁴ .... sie im Zug kennen gelernt. Sie sieht phantastisch aus, ist ⁵ .... und hat ⁶ .... Haare. Ich habe erst zweimal ⁷ .... ihr gesprochen. Sie arbeitet ⁸ .... Marketing-Managerin ⁹ .... einer Agentur, und am Anfang fand ich sie wirklich blöd, aber dann ... ich weiß auch nicht. Sie war auch gar nicht nett ¹⁰ .... mir, ist immer kühl und reserviert! Komisch, nicht? Eine Managerin! Aber etwas sagt mir: das ist die Richtige. Warum? Tja, vielleicht ¹¹, ... sie dieselben alten Filme liebt wie ¹² .... Und es ist noch nichts passiert, nicht einmal ein Kuss!

Aber morgen gehen wir zusammen ins Kino — und morgen schreibe ich dir wieder,
viele Grüße Max

> dir muss weil was jung
> ich zu in rote als mit habe

Sprechen

❶ Gespräche, Gedanken

1. Die Frau, der Mann gefällt dir. Ihr sitzt zum ersten Mal zusammen. Über welche Themen sprichst du in dieser Situation (nicht)?

> Familie Sprachenlernen Arbeit Schokolade
> Kleidung Theater Liebe Zeichnen Filme Schule
> Literatur Politik Religion Zukunft

2. Veronika und Max passen nicht gut zusammen. Er ist so etwas wie ein Künstler, sie ist eine Managerin ... Was meinst du? Ist es besser, wenn zwei Partner aus demselben beruflichen und sozialen Milieu stammen? Welche Probleme kann es geben oder was ist daran positiv?

Schreiben

1 Gespräche — im Café
Vervollständige den Text.

Kellner: Guten Morgen, Sie wünschen?
Veronika: ....
Kellner: Ein Kännchen oder eine Tasse?
Veronika: ....
Kellner: Und der Herr?
Max: ....
Kellner: Ceylon, Darjeeling, Ostfriesentee?
Max: ....
Kellner: Ja, die Torte suchen Sie sich bitte an der Theke aus.
Max geht an die Kuchentheke.
Max: Ich möchte gern zahlen, bitte.
Kellner: Für beide?
Max: ....

Lesen

1 Cafés für jeden Geschmack

Zweistein — hier treffen sich die Intellektuellen der Stadt, schon wegen der 52 in- und ausländischen Zeitungen, die hier immer ausliegen. Auch den Intendanten des Stadttheaters und die eine oder andere Schauspielerin will man hier gesehen haben. Die Tasse Kaffee kostet 3 Euro, das kleine Frühstück 4 Euro 70.

ÜBUNGEN

Blaubart — Nun, hier kommt man allein her und geht zu zweit hinaus, sagen Stammgäste. Für unternehmungslustige Singles genau das Richtige. Sogar das gute alte Tischtelefon steht wieder da. Besonders gute Stimmung herrscht am frühen Abend beim italienischen Aperitivo oder Sonntag Morgen beim Themenfrühstück — hier gibt es wirklich jeden Sonntag ein neues kulinarisches Überraschungsangebot.

Hannes Träumchen — gesunde Vollkornkost, selbstgebrannte und handgemahlene Kaffeebohnen, Wein aus der Toskana und biologischen Slivovitz vom Balkan — bei Hanne bekommen Sie nur Echtes zu essen und zu trinken.

Benno — in Pantoffeln sollten sie da nicht hingehen: Einlasskontrolle. Wer schön, reich oder originell genug ist, darf in diesem Stammlokal des hannoverschen Jet-Sets schon früh morgens Champagner trinken, ganz klassisch mit Erdbeeren oder mit Austern. Es kostet natürlich ein bisschen mehr.

In welchem dieser vier Lokale kann man

a. berühmte Leute treffen?
b. sich auch mit kaputten Jeans sehen lassen?
c. Männer oder Frauen kennen lernen?
d. die *Neue Zürcher Zeitung* und *Le Monde* lesen?
e. etwas Gesundes essen?
f. viel Geld ausgeben?
g. natürlichen Kaffee trinken?
h. jeden Sonntag etwas anderes zum Frühstück bestellen?

In welches dieser (fiktiven) Lokale gehst du, wenn du nach Hannover kommst?

KAPITEL 5

Was will ich?

Veronika kann sich nicht auf die Arbeit konzentrieren.
Was soll sie tun?
Soll sie mit diesem Max ins Kino gehen?
„Heute Abend bleibe ich zu Hause", denkt sie. „Jetzt rufe ich Max an und sage ihm, ich bin krank."

Aber sie tut es nicht. „Das glaubt er sowieso nicht. Dann will er Erklärungen oder will morgen oder übermorgen oder nächste Woche mit mir ausgehen. Ich mag diesen Max doch. Er ist lustig. Warum soll ich nicht mit ihm ins Kino gehen? Habe ich Angst? Aber wovor denn? Ich gehe mit vielen Leuten abends aus. Habe ich vielleicht Angst mich zu verlieben? Lächerlich ... so ein Künstler! ... ich kenne ihn kaum."

Den ganzen Tag geht das so.

Veronikas Geheimnis

Am späten Nachmittag findet sie die Lösung: „Na ja, ich gehe mit ihm ins Kino und dann fahre ich nach Hause, sofort."

Aber dann … kommt sie erst um drei Uhr morgens nach Hause.

Nach dem Kino sind sie essen gegangen, dann noch etwas trinken, schließlich in den Stadtpark. Sie haben auf einer Bank gesessen und die Sterne betrachtet [1]. Sie haben geredet und geredet. Veronika kann sich nicht erinnern, je [2] mit jemandem so viel über sich selbst gesprochen zu haben.

Als sie in ihre dunkle Wohnung kommt, geht sie als erstes in die Küche.

„Ein schöner Abend", denkt sie, „vielleicht der schönste meines Lebens. Mit Max fühle ich mich so…"

Im Kühlschrank stehen nur zwei Flaschen.

„Mineralwasser oder Sekt?" fragt sie sich und lacht.

Veronika trinkt nicht. Fast nie.

Heute Abend mit Max hat sie getrunken.

Sie sieht die Flaschen an.

Sie nimmt die Sektflasche und öffnet sie.

Sie gießt den Sekt in ein Glas.

Veronika geht ins Schlafzimmer und trinkt das Glas in einem Zug aus.

Dann legt sie sich, angezogen wie sie ist, aufs Bett.

Sie lächelt. Sie träumt mit offenen Augen.

Veronika ist glücklich. So glücklich wie noch nie.

---

1. **etwas betrachten** : etwas (konzentriert) ansehen.
2. **je** : schon einmal.

Was will ich?

Am nächsten Abend trifft sie sich wieder mit Max, und auch am Tag danach sind sie zusammen.

Aber am Freitag hat sie eine Verabredung mit Gerd.

Max weiß das, aber er hat gesagt:

„Es ist dein Leben... wir kennen uns noch nicht lange, auch wenn es manchmal so scheint. Was soll ich dazu sagen? Trenn dich von ihm, du gehörst zu mir? Du musst selbst wissen, was du willst — und wen."

Veronika fühlt sich nicht wohl in ihrer Haut.

Was will sie denn? Sie weiß es nicht, oder doch?

Sie muss sich selbst entscheiden [1].

Sie, die energische Managerin, hat im Privatleben Angst vor Entscheidungen.

Soll sie es Gerd sagen? Soll sie sich von ihm trennen?

Pünktlich hält Gerds silberner Porsche vor der Tür.

Nach dem Essen in einem schönen Restaurant — mit Gerd geht sie nur in schöne Restaurants — fahren sie zurück zu Veronikas Wohnung.

„Du bist so schweigsam [2] heute", sagt er und umarmt [3] sie.

Er sieht ihr in die Augen: „Ich möchte nur eins von dir wissen: liebst du mich, willst du mit mir leben? Zusammen leben, verstehst du? Ich spreche nicht von heiraten und dem ganzen Theater. Nun? Willst du mit mir leben, Veronika?"

Sie sagt nichts.

1. **sich entscheiden** : sagen, was man (von zwei Alternativen) will.
2. **schweigsam** : ist, wer wenig spricht.
3. **jdn. umarmen** : die Arme um jdn. legen.

Veronikas Geheimnis

„Was sag ich ihm nur?" fragt sie sich.

„Musst du da lange überlegen¹? Antworte mir einfach. Du musst doch die Antwort wissen, nach so langer Zeit..."

„Ich habe dich gern, Gerd, sehr, sehr gern... "

„Aber ... du liebst mich nicht. Ist es das, was du sagen willst?"

Sie schüttelt² langsam den Kopf.

„Du bist wie ein großer Bruder für mich, ich möchte dich nicht verlieren, Gerd, weißt du?"

„Ja, das weiß ich. Aber es ist nicht das, was ich will. Das verstehst du doch?"

„Ja, das kann ich verstehen."

Gerd steht auf und sagt: „Ich wünsche dir viel Glück, Veronika."

Er geht.

Vom nächsten Tag an verbringt Veronika jede freie Minute mit Max; in der Mittagspause, abends, am Wochenende. Sie sind immer zusammen, glücklich und verliebt.

Veronika ist nicht mehr so verschlossen wie früher. Sie lacht mehr, macht sich weniger Gedanken über das, was die anderen sagen.

Max malt und zeichnet wie noch nie.

„Seit ich dich kenne, habe ich stündlich neue Ideen", sagt er. „Ich schließe die Augen und sehe immer neue Farben, Formen und Bilder. Es ist unglaublich³."

„Die Wunder⁴ der Liebe", sagt sie ironisch. „Aber seltsam ist es schon..."

1. **überlegen** : nachdenken, reflektieren.
2. **den Kopf schütteln** : mit einer Kopfbewegung nein sagen.
3. **unglaublich** : das, was man nicht glauben kann.
4. **s Wunder**(=) : etwas Magisches.

Veronikas Geheimnis

„Was ist seltsam?"

„Dass wir uns so gut verstehen."

„Wieso denn das?"

„Wir sind so unterschiedlich. Du bist Künstler, ich Managerin; ich arbeite acht Stunden im Büro, du arbeitest nachts oder wann du willst; ich mit meinen Kleidern und Jacken, du mit deinen Jeans..."

Max geht auf sie zu und umarmt sie.

„Das ist doch alles nicht so wichtig", sagt er.

„Was ist denn dann wichtig?" fragt sie.

„Unsere Liebe, unsere Seelen[1] ..."

„Wie?"

„Ich meine, du denkst anders als ich, du lebst auch anders als ich .. aber wir fühlen dasselbe. Unsere Seelen sind verwandt, sind aus demselben Stoff gemacht."

„Aus Gold?" fragt sie und lacht.

„Vielleicht. Schön ... und es rostet[2] nicht."

„Nein, nein, das siehst du nicht richtig. Ich bin nicht aus Metall", antwortet Veronika ernst. „Meine Seele, wenn ich eine habe, ist aus Glas. Das kann ganz plötzlich brechen."

Was hat sie nur? Sie weiß es selbst nicht.

Max gibt ihr einen Kuss.

---

1. **e Seele(n)** : nicht-körperliche Entität, kommt in den Himmel oder in die Hölle.
2. **rosten** : Eisen (Fe) rostet (oxydiert), wird rot und geht kaputt.

Leseverständnis

1 Kreuze an, was richtig ist. Manchmal passt mehr als eine Antwort.

1. Welches Problem hat Veronika am nächsten Morgen im Büro?
   a. ☐ Sie kann sich nicht konzentrieren.
   b. ☐ Sie weiß nicht, ob sie mit Max ausgehen soll.
   c. ☐ Sie hat nicht gut geschlafen und ist sehr müde.
   d. ☐ Sie kann sich etwas nicht erklären.

2. Was machen Veronika und Max zusammen?
   a. ☐ Sie gehen zusammen ins Kino.
   b. ☐ Sie gehen zu Max nach Hause.
   c. ☐ Sie gehen zusammen essen.
   d. ☐ Sie reden viel.

3. Was tut Veronika, als sie frühmorgens nach Hause kommt?
   a. ☐ Sie trinkt eine Flasche Sekt leer.
   b. ☐ Sie duscht.
   c. ☐ Sie legt sich angezogen aufs Bett.
   d. ☐ Sie träumt mit offenen Augen.

4. Was sagt Max zu Veronikas Freund?
   a. ☐ Der andere ist ihm egal.
   b. ☐ Veronika muss selbst wissen, was sie will.
   c. ☐ Er will sich mit dem anderen duellieren.
   d. ☐ Er kennt Veronika schon zu lange.

5. Was sagt Veronika zu Gerd?
   a. ☐ Ich mag dich sehr.
   b. ☐ Ich liebe dich.
   c. ☐ Ich muss allein leben.
   d. ☐ Du bist wie ein Bruder für mich.

ÜBUNGEN

6. Wie reagiert Gerd?
   a. ☐ Er springt aus dem Fenster.
   b. ☐ Er macht ihr eine Szene.
   c. ☐ Er geht und wünscht ihr Glück.
   d. ☐ Er will noch einmal mit ihr über alles sprechen.

7. Was meint Veronika über ihre Seele?
   a. ☐ Sie kann leicht kaputt gehen.
   b. ☐ Sie ist so wie Max' Seele.
   c. ☐ Sie weiß nicht, ob sie eine hat.
   d. ☐ Die Seele ist im Leben nicht so wichtig.

Sprechen

1 Situationen — praktisches Deutsch
Du hast einen deutschen Freund/ eine deutsche Freundin und willst dich von ihm/ihr trennen. Was sagst du ihm/ihr?

a. Du kennst ihn aus den Sommerferien in England, zu Hause hast du aber eine/n andere/n...
b. Du bist schon sehr lang mit ihm/ihr zusammen und alles ist ein bisschen langweilig geworden.
c. Ihr wolltet heiraten, bis gestern. Heute hast du eine/n andere/n kennen gelernt.
d. Du liebst ihn/sie sehr, aber er/sie liebt nur sich selbst. Du willst keine/n egoistische/n Partner/in...

Umgekehrt: Dein Freund oder deine Freundin macht mit dir Schluss. Was sagst du in den Situationen a)-c)?

ÜBUNGEN

2 **Gespräche, Gedanken**

a. Gibt es Seelen? Hast du eine Seele?

b. Gibt es auf der Welt eine Person, deren Seele aus demselben Stoff gemacht ist?

c. Gerd ist wie ein Bruder für sie. Sie kennt ihn schon lange und hat ihn sehr gern. Diesen Max kennt sie erst seit wenigen Tagen. Ist Veronikas Entscheidung richtig?

Was ist bei der Partnerwahl wichtig — wichtiger — am wichtigsten? Gib Noten von 1-10

- ☐ verliebt sein
- ☐ dieselben Interessen haben
- ☐ dieselben Gewohnheiten haben
- ☐ aus demselben sozialen Milieu kommen
- ☐ dieselben Freunde haben
- ☐ keine finanziellen Probleme haben
- ☐ körperliche Attraktivität
- ☐ Respekt voreinander
- ☐ dieselbe Schul- und oder Universitätsausbildung haben

oder ...?

d. Statistiker/innen haben herausgefunden, dass immer mehr Universitätsstudenten ... Universitätsstudentinnen heiraten, während auch alle anderen immer stärker kulturell und sozial unter sich bleiben. Verstehst du, warum das so ist? Wie findest du diesen Trend? Welche Konsequenzen kann er haben?

e. Seele, Körper (Leib) oder Geist — was ist bei der Partnerwahl am wichtigsten?

KAPITEL 6

Wochenende am Meer

Plötzlich ist Frühling. Schon Anfang April ist es warm draußen. Die Parks sind voll von Pärchen [1].

Niemand will mehr im Haus sitzen. Und am Wochenende fahren alle raus aus der Stadt.

„Sollen wir nicht am Wochenende ans Meer fahren?" fragt Max. Ein Freund von mir hat ein Häuschen in der Nähe von Cuxhaven. Ich hab ihn schon gefragt. Wir können Freitag Abend fahren. Was meinst du?"

„Du weißt doch, dass ich ungern verreise [2]", erwidert Veronika.

„Verreisen? ... Das ist doch keine Reise. Zwei Stunden mit dem

---

1. **s Pärchen(=)** : Diminutivform von Paar; zwei Personen, die verliebt sind.
2. **verreisen** : an andere Orte reisen.

Wochenende am Meer

Auto, höchstens. Oder möchtest du lieber mit dem Zug fahren?"

„Wie du willst." Veronika gibt nach. „Fahren wir eben [1] ans Meer. Aber glaube nicht, du tust mir einen Gefallen damit. Ich bleibe am liebsten in Hannover. Diese Reiserei [2] geht mir auf die Nerven."

„Du liebst diese Stadt wohl über alles?"

„Nun übertreib nicht. Sagen wir: alle anderen Orte [3] gefallen mir noch weniger."

„Alle anderen? Jetzt übertreibst du aber."

„Na gut. Großstädte mag ich schon: London, Paris, Rom. Aber pittoreske Kleinstädte, Kurorte, Fischerdörfer und so weiter kann ich nicht ausstehen [4]."

„Und das Meer?"

„Noch schlimmer [5]. Das macht mich krank."

Max ist überrascht.

„Komisch", sagt er. „Aber wenn du nicht willst, fahren wir nicht. Oder ich fahre allein."

„Allein? Nein, nein. Ich komme mit. Es sind ja nur zwei Tage. Das geht schon."

Freitag Abend kommen sie in Dühnen an. Das Haus liegt direkt am Meer. Vom Wohnzimmerfenster aus hat man eine schöne Aussicht [6].

1. **eben (Partikel)** : O.K., das akzeptiere ich.
2. **e Reiserei** : negativ für Reisen.
3. **r Ort(e)** : e Stadt, s Dorf, ...
4. **etwas nicht ausstehen können (Jargon)** : etwas absolut nicht mögen.
5. **schlimm** : schlecht.
6. **e Aussicht(en)** : was man von einem Ort aus sehen kann.

Veronikas Geheimnis

Max ist begeistert [1].

„Schau nur, Veronika! Das Meer!"

„Ja, das Meer. Schön."

Sie essen in einem kleinen Restaurant in der Nähe.

Nach dem Essen will Max am Strand spazieren gehen.

„Es ist schon so spät", sagt Veronika. „Ich bin todmüde. Ich möchte lieber schlafen gehen."

Am nächsten Morgen steht Max früh auf und geht joggen.

Als er ins Haus zurückkommt, ist der Frühstückstisch schon gedeckt.

1. **begeistert** : enthusiastisch.

Wochenende am Meer

„Am Meer laufen ist wunderschön", sagt Max.

„Was hast du heute vor?" fragt sie ihn.

„Na, ich denke, wir gehen ein bisschen spazieren, oder? Am Strand zum Beispiel."

„Nein, an den Strand will ich nicht", antwortet sie brüsk.

„Aber warum denn nicht?" will Max wissen.

„Ich gehe nicht gern am Strand spazieren. Ist das so komisch?"

„Offen gesagt, ja. Ich kenne niemanden, der nicht ..."

„Dann bin ich eben die erste. Tut mir Leid, Max."

Sie sieht ihn böse an.

Veronikas Geheimnis

„Warum bist du so...?"

„Weiß nicht. Ich weiß nur, ich will wieder nach Hause."

„Wie bitte? Wir sind doch gerade erst angekommen!"

„Und ich habe schon die Nase voll [1]. Ich will zurück nach Hannover.'"

„Veronika..."

Veronika nimmt den Zug und fährt nach Hannover zurück.

Max bleibt am Meer, allein.

Zum ersten Mal verbringen sie einen Tag und eine Nacht getrennt.

Montag Mittag ruft Max sie im Büro an.

„Bist du noch böse?" fragt er sie.

„Ich? Nein, aber du bist sicher noch böse."

„Ach was [2], gar [3] nicht. Es ist nur ... manchmal verstehe ich dich nicht."

„Das tut mir Leid."

„Ist ja nicht so schlimm. Vergessen wir's. Das Leben geht weiter und ... wir lieben uns."

Max hält sich nicht mit Problemen auf.

Er ist Optimist. Auch dieses Mal: „Ab und zu muss man auch streiten [4]. Zu viel Harmonie wird langweilig."

Aber er denkt jetzt oft über Veronika nach.

1. **die Nase voll haben (Jargon)** : von etwas zu viel haben (von der Schule, der Arbeit, anderen Leuten).
2. **ach was** : absolut nicht.
3. **gar nicht** : absolut nicht.
4. **streiten** : Konflikte haben.

Wochenende am Meer

„Was hat sie nur?" fragt er sich. „Warum will sie das Meer nicht einmal sehen? Gibt es das: ich liebe sie so sehr und verstehe sie nicht?"

Es wird Sommer, immer weniger Leute sind in der Stadt. Die ersten kommen schon braungebrannt aus dem Süden zurück.

Veronika arbeitet und arbeitet.

„Auch im August keine Ferien, stimmt's[1]?" fragt Max lakonisch.

„Theoretisch kann ich jetzt schon zwei Wochen Urlaub nehmen", antwortet Veronika. „Im Büro ist nicht viel zu tun. Aber ich habe noch nie Urlaub genommen. Ich will ja nicht wegfahren, wie du weißt."

„Jetzt verstehe ich, warum du Karriere machst. Eine andere wie dich finden sie sicher nicht."

Veronika antwortet nicht.

„Schon gut, schon gut, sprechen wir nicht mehr darüber. Wir bleiben also in Hannover."

Veronika freut sich über Max' Entscheidung. Sie nimmt zwei Wochen Ferien. Sie bleiben die ganze Zeit in der Stadt. Sie besichtigen Museen, das Schloss und den Botanischen Garten.

„Bist du auch noch nie dort gewesen?" fragt Max.

„Nein,", antwortet Veronika, „komisch, nicht?"

Täglich gehen sie ins Kino, in Konzerte.

Als die zwei Wochen vorbei sind, muss Max zugeben: „Das war doch gar keine schlechte Idee, im August in Hannover zu bleiben."

---

1. **etwas stimmt** : etwas ist richtig.

Leseverständnis

1 Welche Version ist richtig?
Max will übers Wochenende wegfahren. Veronika nicht.

a. ☐ Ein Freund hat ein Haus am Meer. Veronika will nicht ans Meer und bleibt allein zu Hause.
b. ☐ Veronika will nicht wegfahren, fährt dann aber doch mit Max ans Meer, weil das wenig kostet.
c. ☐ Max will ans Meer, weil im Frühling alle Leute ans Meer fahren.
d. ☐ Max will ans Meer und Veronika fährt mit, weil er nicht allein fahren soll.

Am Meer…

a. ☐ gefällt es Max sehr gut, aber Veronika geht lieber laufen.
b. ☐ geht Max morgens laufen, aber Veronika will nach Hause, weil das Wetter schlecht ist.
c. ☐ findet Max es sehr schön, aber Veronika gefällt es nicht und sie fährt allein mit dem Zug nach Hannover zurück.
d. ☐ findet Max es sehr schön, aber Veronika nicht und Max bringt sie am nächsten Morgen mit dem Auto nach Hause.

Im Sommer …

a. ☐ will Max verreisen und fliegt dann allein nach Südamerika.
b. ☐ will Veronika nicht verreisen, weil sie Karriere machen will.
c. ☐ will Veronika nicht verreisen und die beiden bleiben in Hannover.
d. ☐ streiten Veronika und Max über den Urlaub, den sie auf der Nordseeinsel Borkum verbringen wollten.

ÜBUNGEN

2 Der Frühling. Welche typischen Elemente werden im Text genannt?

a. ☐ die Bienen summen
b. ☐ die Blumen blühen
c. ☐ man sieht viele verliebte Paare
d. ☐ die Bäume werden grün
e. ☐ die Leute denken an den Sommer und an die Sommerferien
f. ☐ viele beginnen eine Diät
g. ☐ viele fahren übers Wochenende ins Grüne

Sprechen

1 Situation — praktisches Deutsch

a. Dein deutscher Freund Hartmut möchte seinen Urlaub im August in Italien verbringen. Du möchtest lieber ein exotisches Land sehen und du weißt auch, dass Italien im August die Hölle ist: alles ist zu voll, zu laut, zu schmutzig und viel zu teuer (oder?). Sprich mit deinem Freund darüber oder schreib ihm einen kurzen Brief.

b. Dein/e Freund/in Hanne/Hans reist schrecklich gern. Drei oder viermal im Jahr fährt sie/er weg und will, dass du mitkommst. Du bleibst am liebsten zu Hause: da hast du deine Bücher, CDs und DVDs, es gibt ein Schwimmbad in der Nähe und einen schönen großen Supermarkt, und das alles ohne Stress. Was sagst du ihm/ihr?

c. Du möchtest dieses Jahr etwas Originelles machen und schlägst deinen Freunden vor, nach Norddeutschland zu fahren.

Schreiben

1 Auf Deutsch — schreiben

In Deutschland arbeiten viele Student/inn/en und Schüler/innen in den Schul- oder Semesterferien. Und warum nicht ein wenig Abenteuer mit Arbeit und Geldverdienen verbinden? Große und kleine Touristikunternehmen suchen immer junge Hilfskräfte fürs Büffet oder für gute Laune. Du suchst auch einen Ferienjob am Meer und liest die folgenden drei Anzeigen in einer überregionalen Tageszeitung:

> – Lustige junge sportliche unermüdliche kinderfreundliche Person gesucht als Animateur/in für familiär geführtes Dreisterne-Hotel in Rimini mit vielen deutschen Gästen. Bedingung: perfekte Deutsch- und gute Italienischkenntnisse.
>
> ***
>
> – Kratzler Kreuzfahrten sucht für die Zeit von Juni bis September noch mehrere junge Hilfskellner/innen für das Paradeschiff unserer Südseeflotte. Erstklassige Umgangsformen, gepflegtes Äußeres und perfekte Fremdsprachenkenntnisse (Englisch, möglichst Französisch) setzen wir voraus.
>
> ***
>
> – Unsere nicht mehr ganz junge, aber sportliche Klientin sucht für die Monate Juli und August jungen, dynamischen Reisebegleiter für Fußwanderung durch das Atlas-Gebirge; Französisch-Kenntnisse Bedingung, Karate oder andere Verteidigungstechniken erwünscht.

Umgangsformen sind die Manieren; gepflegt ist, wer sich wäscht und oft zum Friseur geht... Welche der beiden Anzeigen interessiert dich besonders? Schreibe einen kurzen Brief, in dem du

a. dein Interesse an der Stelle ausdrückst
b. dich vorstellst (Alter, Schulbesuch, Fremdsprachen)
c. weitere Informationen über die Stelle erbittest (Arbeitszeiten, Bezahlung etc.)

ÜBUNGEN

Hörverständnis

1 Was haben Veronika und Max während des Sommers in Hannover gesehen? Nummeriere die Fotos in der Reihenfolge, in der sie in Veronikas Monolog vorkommen. Dann schreibe die passenden Namen unter die Fotos. Höre den Text zweimal.

a. ....

b. ....

c. ....

d. ....

e. ....

Hannover

Das moderne
Hannover mit dem
Cafè Kröpcke

Hannover ohne Gesicht?

Nach Hannover kommen jedes Jahr viele Hunderttausend Besucher. Aber es ist nicht sicher, dass sie gern hier sind. Die meisten von ihnen müssen aus beruflichen Gründen zu einer der großen Messen (Industriemesse, die Computermesse CeBIT).

Im Jahre 2000 fand hier auch die große Weltausstellung statt, die expo2000. Doch normalerweise scheint Hannover für Touristen nicht besonders interessant zu sein.

Der größte Teil der Innenstadt wurde im Zweiten Weltkrieg zerstört und nach dem Krieg sehr schnell wieder aufgebaut, ästhetische Fragen interessierten dabei nicht.

Geheimtipp Hannover

Das Alte Rathaus

Im erhaltenen Teil der Altstadt geht man gerne spazieren. Die Studentenszene (eine Universität und mehrere Hochschulen) bewegt das Nachtleben. Tagsüber besichtigen Touristen das Alte und das Neue Rathaus (von 1913), laufen um oder fahren über den Maschsee und fahren hinaus nach Herrenhausen. Das alte Schloss ist kaputt, zerbombt im Zweiten Weltkrieg, aber die Gärten, ob Englischer Landschaftsgarten oder Orchideenkulturen, ziehen viele Besucher an. Ein kleines Labyrinth gibt es dort auch. Im Sommer finden hier zahlreiche Konzerte statt.

Erholungsort Maschsee

Schloss Herrenhausen

Das Schloss Herrenhausen war die Sommerresidenz des Königs von Hannover. Wer das war? Der König von England. Seitdem er im Jahre 1714 als King George I. den Thron bestiegen hatte, regierte der englische König auch die Stadt Hannover. Im Jahre 1866 übernahm Preußen Stadt und Land.

Neutral

In Hannover, hört man oft, wird das beste Deutsch gesprochen. Das ist natürlich nicht ganz richtig. Es sollte besser heißen: das neutralste Deutsch. Hannover liegt eher nördlich, aber nicht im Norden, es liegt in der Mitte zwischen Ost und Westdeutschland. Durch die Position, durch die Migrationsströme nach dem Zweiten Weltkrieg haben sich hier Dialekt-Einflüsse gegenseitig aufgehoben (neutralisiert).

Recherche in Reiseführern oder im Internet

1. Hannover ist auch heute Hauptstadt. Von welchem Land?
2. Hannovers Name ist an die Messe gebunden, auf dem größten Messegelände der Welt sind viele internationale Veranstaltungen zu Hause. Zum Beispiel?
3. In Hannovers Innenstadt gibt es einen „roten Faden". Was ist das?
4. Ausflüge:
   a. Interessant ist ein Tagesausflug nach Wolfsburg, einer nicht sehr alten Stadt. Was gibt es dort zu sehen?
   b. Viele Hannoveraner fahren ans Steinhuder Meer. Was machen sie da?

Sommerabende in Hannover

KAPITEL 7

Das Album

Bernd heiratet. Er ist Max' bester Freund.

Max ist eingeladen. Veronika soll natürlich auch kommen.

„Dann lernen wir endlich deine geheimnisvolle [1] neue Freundin kennen", sagt Bernd. „Ist ja auch höchste Zeit. Seit Monaten verbringst du jede freie Minute mit ihr, und gesehen hat sie noch keiner."

Nach der Trauung im Rathaus gehen alle zusammen in ein Restaurant mit großem Garten.

Veronika ist immer in Max' Nähe. Er stellt sie seinen Freunden und Freundinnen vor.

„Du kennst ja eine Menge [2] Leute", staunt sie.

„Na ja, aus der Schule, von der Kunsthochschule [3] ..."

1. **geheimnisvoll** : mysteriös.
2. **eine Menge (Jargon)** : viele.
3. **e Kunsthochschule(n)** : Akademie für Künstler.

Veronikas Geheimnis

„Ich habe an der Universität niemanden kennen gelernt", sagt sie.

„Zu reserviert, die junge Dame...", sagt Max lachend.

Nach dem Essen steht Bernd auf. Er hat ein bisschen getrunken.

„Hält er jetzt auch noch eine Rede?" fragt Max.

Tatsächlich: „ Ich bin ja nun der erste, der von uns heiratet."

„Hört, hört", rufen die Gäste.

„Das ist eigentlich komisch, denn so jung sind wir ja auch nicht mehr."

„Noch keine dreißig!"

„Tja, und da fragt man sich doch: wer kommt als nächster unter die Haube [1]? Ich glaube, ich weiß es — " Bernd sieht sich in der Tischrunde um. „Er ist, wie wir alle wissen, bis über beide Ohren verliebt. Kurz: Als nächstes heiratet Max seine wunderschöne Veronika..."

Er bindet die Krawatte los und wirft sie Max zu.

Großer Applaus.

Max, die Krawatte in der Hand, weiß nicht, was er sagen soll und lacht dumm.

Veronika ist rot geworden.

„Er ist total betrunken", sagt sie zu Max.

„Betrunkene reden die Wahrheit", antwortet er.

Das Fest dauert noch ein paar Stunden. Es ist schon Abend, als Max und Veronika nach Hause fahren.

„Kommst du noch mit hoch?" fragt Max im Auto.

„Ja, gern."

---

1. **unter die Haube kommen (Jargon)** : heiraten.

Das Album

Max wohnt in einem Loft, oder, auf gut Deutsch, in einer umgebauten Fabrik-Etage.

Es gibt keine Wände zwischen den „Zimmern".

Veronika setzt sich auf einen der großen, bunten Sessel.

„Puh, zu viel gegessen und getrunken", sagt sie.

„Espresso?"

„Oh ja."

Er macht die Espressomaschine fertig.

Veronika sieht sich seine Bücherregale an und kommentiert laut die Titel.

„Kunstbücher, Kunstbücher und hier — Hegel und Kant? Sag nicht, du interessierst dich für Philosophie!"

„Doch, doch", ruft er. „Hat mich immer interessiert. Und in der Schule gab's ja keine. Nach dem Abitur war ich unsicher, ob ich Philosophie studieren oder die Kunstakademie besuchen sollte. Und du?"

„Philosophie hat mich nie interessiert. Muss auch kompliziert sein."

Max kommt mit dem Espresso.

„Und du hast immer gewusst, was du studieren wolltest?" fragt er sie.

„Nein, gar nicht. Ich habe einfach Gerd gefragt, was am besten war."

„Du kennst ihn schon aus der Schule?"

„Ja. Vom Gymnasium. Ich ging in die neunte und er war in der Abiturklasse."

„Die neunte? Das hieß bei uns noch Untertertia [1]... aber dann

---

1. **die Untertertia** : traditioneller Name für die neunte Klasse am Gymnasium.

Veronikas Geheimnis

ist Gerd ja älter als du!"

Veronika nickt. „Vier Jahre. Er war so etwas wie ein großer Bruder für mich. Er hat mir sehr geholfen. — Aber was ist das hier?" Sie sieht ein großes Album auf dem Tisch.

„Nichts Besonders. Ein Fotoalbum."

„Du und ein Fotoalbum?"

„Ja", antwortet Max. „Kindheit und Jugend des Künstlers."

Max nimmt das Album und zeigt es ihr.

Zu jedem Foto hat er etwas zu erzählen.

„Siehst du, da bin ich mit meiner Mutter in den Bergen ... hier mit meinem Vater am Strand. Das ist ein Klassenfoto aus der sechsten Klasse, findest du mich? Da neben mir, das ist ... Ah, und das ist meine erste Freundin, Marie-Luise, mit der war ich zwei Jahre zusammen."

Auf den letzten beiden Seiten gibt es viele Fotos von vielen verschiedenen Personen.

„Siehst du", erklärt Max, „da habe ich sie alle zusammen, die wichtig waren in meinem Leben. Oma und Opa, meine Eltern, mein Onkel Rüdiger, meine ..."

„Habe schon verstanden", unterbricht[1] ihn Veronika und

1. **jdn. unterbrechen** : jdn. nicht zu Ende sprechen lassen.

Das Album

schlägt das Album zu.

Sie steht auf und sagt: „Es ist Zeit. Ich gehe jetzt."

Ist sie böse?

„Essen wir nicht zusammen?" fragt Max.

„Nein, heute nicht. Danke."

„Was ist denn los, Veronika? Ich kenne dich doch. Sag mir, was du hast!"

Veronika geht zur Tür. Max legt ihr eine Hand auf die Schulter

Veronikas Geheimnis

und sieht ihr ins Gesicht.

„Süße, du weinst ja? Was ist denn?"

Veronika antwortet nicht.

„Es ist wegen der Fotos, stimmt's?"

Sie nickt: „Ich weiß auch nicht. Die Fotos da, all diese Leute. Deine Erinnerungen [1], deine Vergangenheit [2] — du bist glücklich, wenn du darüber sprichst, siehst du ... und ich ... ich will von der Vergangenheit nichts mehr wissen. Ich will das alles vergessen!"

Sie nimmt ein Taschentuch und wischt sich die Tränen ab [3]. „Du weißt, ich habe keine Familie, nicht so wie du."

„Ja", erwidert [4] Max, „das hast du mir gesagt. Aber erinnerst du dich denn gar nicht mehr an sie?"

„Dies und das, nicht viel."

„Und ... du hast mir auch nie erzählt, wie sie ... umgekommen [5] sind."

„Das war ein Unfall", antwortet Veronika kurz.

Max weiß, Veronika spricht nicht gern darüber, aber er will jetzt mehr erfahren.

„Ich weiß nur, dass du bei deiner Tante gelebt hast."

„Die ist auch tot. Vor fünf Jahren gestorben."

„Hast du denn immer in Hannover gewohnt?"

Veronika öffnet die Wohnungstür.

„Was soll diese Fragerei. Lass mich."

„Tut mir Leid", sagt Max, „ich wollte nur ..."

---

1. **e Erinnerung(en)** : das, was ich noch weiß.
2. **e Vergangenheit(en)** : das, was vor diesem Moment passiert ist.
3. **abwischen** : abputzen.
4. **erwidern** : antworten.
5. **umkommen** : sterben.

Das Album

„Versteh doch, ich bin müde", sagt sie und zieht ihre Jacke über. Max nimmt den Autoschlüssel, doch sie bittet ihn: „Bring mich nicht nach Hause. Ich nehme ein Taxi. Ich muss ein bisschen allein sein."

Max bleibt allein in der Wohnung stehen.

Vom Fenster aus kann er sehen, wie Veronika allein die Straße entlang geht — fast läuft sie.

„Da läuft sie weg", sagt er laut. „Aber wovor? Vor wem oder was?"

Veronika ist aufgeregt und durcheinander.

Es ist erst neun Uhr. Zu Hause weiß sie nicht, was sie tun soll.

Sie macht den Fernseher an und macht ihn wieder aus.

Sie legt eine CD ein, aber Musik ist auch nicht das richtige.

Sie nimmt ein Buch in die Hand und schlägt es sofort wieder zu.

Sie sieht aus dem Fenster. Es ist dunkel und da gibt es nichts zu sehen.

„Was mache ich nur?" frag sie sich.

In der Küche holt sie sich ein Glas Wasser. Das Glas fällt ihr aus der Hand und zerbricht. Ihre Hand zittert. Sie putzt die Scherben[1] weg.

„Das ist nicht mein Tag", sagt sie, „am besten gehe ich schlafen."

Sie bleibt lange wach liegen. Erst um fünf kann sie einschlafen. Da hört sie schon die ersten Geräusche[2] der morgendlichen Stadt.

1. **e Scherbe(n)** : Glasstück(e).
2. **s Geräusch(e)** : Laute, Klänge — was man hört.

Veronikas Geheimnis

Um sieben klingelt der Wecker.

Nach der Dusche ruft sie Max an.

„Es tut mir Leid, Max", sagt sie. „Ich weiß nicht, was mit mir los war. Vielleicht bin ich nicht ganz normal." Sie lacht.

„Schon gut", sagt Max. „Mach dir keine Gedanken."

„Treffen wir uns heute Abend?"

„Klar, wie immer ..."

Max hat viel über Veronika nachgedacht. Es ist klar, dass sie Probleme hat — aber was mit ihr ist und wie er ihr helfen kann, das weiß Max nicht. Er weiß nur, dass er sie sehr liebt, diese seltsame Frau, und dass er noch keine Frau so geliebt hat wie sie. Er möchte mit ihr zusammen leben, Tag für Tag, nur so kann er ihr helfen, denkt er. Wenn sie sich helfen lässt.

„Zusammen leben?" denkt er. „Nein, ich will sie heiraten."

ÜBUNGEN

Leseverständnis

1 **Die Hochzeit. Beantworte die Fragen.**

   a. Wer heiratet?
   b. Wo heiraten sie?
   c. Wo feiern sie die Hochzeit?
   d. Wer ist bei der Feier?
   e. Wer hält eine Rede?
   f. Was sagt er?
   g. Wem wirft er eine Krawatte zu und warum?

2 **Bei Max zu Hause. Was ist richtig?**

   a. ☐ Max macht Tee.
   b. ☐ Veronika sieht sich Max' Bücher an.
   c. ☐ Veronika liest Kunstbücher.
   d. ☐ Veronika liest keine Kunstbücher, interessiert sich aber für Philosophie.
   e. ☐ Max interessiert sich für Philosophie.
   f. ☐ In der Schule hat er Philosophie-Unterricht gehabt.
   g. ☐ Veronika findet ein Zeichenalbum von Max.
   h. ☐ Max findet ein Fotoalbum von Veronika.
   i. ☐ Veronika findet ein Fotoalbum von Max.
   j. ☐ Max zeigt Veronika die Fotos.
   k. ☐ Veronika möchte die Leute auf den Bildern gern kennen lernen.
   l. ☐ Veronika möchte Max auch ihr Fotoalbum zeigen.
   m. ☐ Veronika ist bei einer Tante groß geworden.
   n. ☐ Veronikas Eltern sind schon lange tot.
   o. ☐ Veronikas Tante ist tot.
   p. ☐ Veronika will nach Hause.
   q. ☐ Veronika will über die Vergangenheit sprechen.

r. ☐ Als Veronika zu Hause ist, geht es ihr besser.
s. ☐ Veronika geht früh schlafen.
t. ☐ Von Max will sie nichts mehr wissen.
u. ☐ Max denkt, dass Veronika Probleme hat.

Sprechen

1 Situationen — praktisches Deutsch

a. Dein bester Freund heiratet in der Kirche. Nach der Zeremonie gibt es ein Abendessen in einem sehr teuren Restaurant ... Was ziehst du an? Wie gratulierst du deinem Freund, was wünschst du ihm?

b. Du heiratest. Wo? Warum? Wen lädst du (nicht) ein? Alte Schulfreunde/innen? Tanten und Onkel (die Verwandtschaft)? Nachbarn? Lehrer/innen? Chefs und Chefinnen? Schreibe eine persönliche (informelle) Einladung.

2 Gespräche, Gedanken

a. In Deutschland heiraten nicht mehr so viele Leute in der Kirche (16% katholisch, 17% evangelisch). Gibt es in deinem Land mehr Hochzeiten mit religiöser Zeremonie? Welche? Was meinst du, warum das so ist?

b. In ganz Europa heiraten immer weniger Menschen. Viele Paare leben einfach zusammen; manche heiraten später, andere nie — in der Statistik heißt das: nichteheliche Lebensgemeinschaften. Das ist noch kein Massenphänomen: In Deutschland lebten 1999 10% der Paare in "nichtehelicher Lebensgemeinschaft" (1991: 7%); viele (vor allem die Frauen) haben studiert, gehören keiner Religion an und sind in Großstädten groß geworden.

Welche Gründe siehst du für diesen Trend? Was meinst du dazu?

Wortschatz

Rund ums Heiraten.

Erst verliebt man sich, manche verloben sich dann auch noch, und am Ende heiraten manche. Aber wem es in der Ehe nicht gefällt, der kann sich auch scheiden lassen.

Jemand ist verheiratet: er oder sie hat geheiratet, eine Hochzeit gefeiert und führt jetzt eine Ehe, hat einen Ehemann oder eine Ehefrau.

Jemand ist unverheiratet — das ist schon komplizierter, denn er oder sie kann verwitwet sein (der/die Partner/in ist tot) oder geschieden (er oder sie hat sich von Partner oder Partnerin getrennt) oder ledig (war noch nie verheiratet).

❶ Setze das passende Wort von der Liste ein.

Nach der [1] .... (Zeremonie) kommt die [2] .... (Institution). Ich bin [3] .... und habe zwei Kinder. Wir haben im Mai in Oberösterreich [4] .... Nach fünf oder nach neun Jahren [5] .... gibt es die meisten [6] .... Wir sind erst drei Monate [7] .... und schon will sie [8] ....! Viele [9] .... und [10] .... heiraten nicht wieder, weil sie sonst ihre Rente verlieren. Wenn sie sich [11] ...., muss sie ihm Alimente zahlen. Sie sind seit 25 Jahren [12] .... und feiern heute Silber [13] ....

> Hochzeit (x2)   Ehe (x2)   verheiratet (x3)
> geheiratet   Scheidungen
> sich scheiden lassen (x2)   Witwen   Witwer

ÜBUNGEN

2 Ferien und Urlaub. Setze die passenden Wörter ein.

Die meisten Leute machen ¹ .... , wenn ihre Kinder Schul ² .... haben. Den Sommerurlaub ³ .... viele im südlichen ⁴ .... , vor allem in Spanien, aber auch in Italien, Griechenland oder der Türkei. Auch Deutschland, Österreich und die Schweiz haben viele interessante ⁵ .... zu bieten. Das Meer (Nord- und Ostsee) und das Gebirge ziehen viele ⁶ .... an. Auch ⁷ .... sind sehr beliebt. Manche Leute ⁸ .... allerdings gar nicht und bleiben zu Haus. Wenn die Sonne scheint, sitzen sie auf ihrem ⁹ .... oder in ihrem Garten (wer keinen Garten am Haus hat, hat oft einen kleinen Garten am Stadtrand, die ¹⁰ .... Bei Regen ¹¹ .... sie die eine oder andere ¹² .... in der Nähe.

> e Sehenswürdigkeit(en)   r Urlaub   r Balkon   verbringen
> verreisen   r Tourist(en)   e Ferien   s Ausland   s Reiseziel(e)
> e Laube   e Städtereise(n)   besichtigen

3 Wenn wir schon mal beim Üben sind...
Setze passende Präpositionen ein.
Thema: Einladung und Abendessen

Georg hat mich ¹ .... Abendessen ² .... ihm zu Hause eingeladen. Die Idee gefällt mir nicht und ich schlage ihm vor, ³ .... einem Aperitivo ⁴ .... eine italienische Bar zu gehen. Aber Georg will ⁵ .... diesem italienischen Schnickschnack nichts wissen. „Dann sind wir ⁶ .... acht betrunken und das Fest ist aus", sagt er. „Sonntag waren wir ⁷ .... einem Freund zu einer Cocktailparty ⁸ .... 14 bis 17 Uhr. Die Idee hatte er ⁹ .... Paris oder ¹⁰ .... Tokio oder so. Eine Katastrophe. Ich will ein richtiges schönes Abendessen."
¹¹ .... längerer Diskussion haben wir die Lösung gefunden. Wir gehen ¹² .... Türken ¹³ .... der Bergmannstraße und essen ein Kebab.

KAPITEL **8**

Heiraten?

Tage und Wochen vergehen: alles ist wie vorher.
Schon fällt wieder der erste Schnee.
Veronika und Max sind glücklich.
Zu Weihnachten lädt Max Veronika zu sich zum Essen ein.
„Warum so förmlich?" fragt sie. „Kommt jemand Besonderes?"
„Du", antwortet Max.

Veronika bringt eine Flasche Champagner mit.
Max hat den Tisch festlich gedeckt. Er hat auch an Blumen und an Kerzen gedacht.
„Wie schön, Max!" ruft Veronika.
„Heute ist auch ein besonderer Tag."
„Weihnachten?" fragt sie.
„Nein. Ein ganz besonderer Tag."
Sie essen. Max hat raffinierte Dinge gekocht.

Veronikas Geheimnis

„Unglaublich. So gut habe ich lange nicht gegessen. Ich dachte, du kannst höchstens Spaghetti mit Ketchup!" bemerkt[1] sie.

Nach dem Essen machen Sie den Champagner auf.

„Auf dich", sagt er.

„Auf uns", sagt sie.

„Und jetzt möchte ich dir eine Frage stellen…" sagt Max feierlich.

Veronika sieht ihn an. Läuft ein Schatten[2] über ihre blauen Augen?

Max fährt fort: „Veronika, Liebste, ich möchte … dich heiraten."

Veronika steht auf. Sie sieht ihm nicht ins Gesicht.

„Ich … ich … kann dich nicht heiraten, Max." sagt sie.

Sie geht zur Tür.

„Es tut mir Leid, Max. Es tut mir schrecklich Leid."

Sie nimmt ihren Mantel und geht.

Am nächsten Tag bekommt Max einen Brief von Veronika. Es ist ein kurzer Brief.

> Liebster Max, ich liebe Dich, wie ich keinen anderen geliebt habe. Aber ich kann nicht mit dir leben. Es geht nicht. Wer mir zu nahe kommt, muss leiden[3]. Ich muss mein Leben allein leben. Ruf mich nicht an. Vergiss mich und … verzeih[4] mir.
>
> Veronika

1. **bemerken** : sagen, kommentieren.
2. **r Schatten(=)** : wo Licht ist, gibt es auch Schatten.
3. **leiden** : Schmerzen haben.
4. **verzeihen** : entschuldigen.

Veronikas Geheimnis

Max versucht sie anzurufen, aber sie antwortet nicht oder lässt sich verleugnen [1].

Immer wieder fragt er sich: „Was hat das Alles zu bedeuten? Was ist mit Veronika? Es muss da etwas in ihrer Vergangenheit geben, aber was? Ich muss es wissen, ich muss es herausfinden..."

Es ist nicht leicht, denn er weiß nur wenig über Veronika. Er kennt keinen Freund, keine Freundin, nur ihre Sekretärin.

„Aber natürlich, Inge ...", denkt er, „vielleicht weiß die etwas."

Am späten Nachmittag wartet Max am Ausgang von Veronikas Büro.

Als Inge die Tür hinter sich schließt, spricht er sie an.

Sie gehen in ein Café.

Er erklärt ihr die Situation.

„Ich würde Ihnen gern helfen", sagt sie. „Mit Ihnen war sie so viel netter und ausgelassener und ... ich sehe auch, dass Sie sie wirklich lieben, aber Frau Dr. ... Veronika hat mit mir nie über ihr Privatleben gesprochen. Es gibt nur eine Person, die Ihnen etwas sagen kann."

„Und das ist?"

„Gerd, ihr Ex-Freund. Ich habe seine Adresse und auch seine Telefonnummer. Vielleicht können sie mit ihm sprechen. Er weiß sicher etwas."

„Glauben Sie, der will mit mir sprechen? Sicher ist er noch in Veronika verliebt. Er muss mich doch hassen..."

„Das weiß ich wirklich nicht. Aber ich weiß, dass er sehr, sehr freundlich ist. Bestimmt [2] auch zu Ihnen."

1. **sich verleugnen lassen** : sagen lassen, dass man nicht da ist.
2. **bestimmt** : sicher.

Leseverständnis

1 Welche Antwort(en) sind richtig?

1. Was ist am Abendessen bei Max anders als sonst?
   a. ☐ Es gibt Gäste.
   b. ☐ Er hat etwas Besonderes gekocht.
   c. ☐ Er hat den Tisch schön gedeckt.
   d. ☐ Er fragt Veronika, ob sie seine Frau werden will.

2. Wie reagiert Veronika auf Max' Frage?
   a. ☐ Sie muss weinen und sagt dann leise ja.
   b. ☐ Sie will weggehen, aber Max hält sie fest und dann sagt sie ja.
   c. ☐ Sie geht weg und sagt, sie kann ihn nicht heiraten.
   d. ☐ Sie gibt Max einen Kuss und geht weg.

3. Was steht in dem Brief?
   a. ☐ Wer mit Veronika lebt, bekommt Probleme.
   b. ☐ Wer Veronika liebt, ist verrückt.
   c. ☐ Veronika ist schon verheiratet.
   d. ☐ Veronika schreibt ihm, dass sie ihn nicht mehr liebt.

4. Wie versucht Max, mehr zu erfahren?
   a. ☐ Er versucht, mit Veronika zu telefonieren.
   b. ☐ Er steht abends vor Veronikas Haustür.
   c. ☐ Er wartet abends vor Veronikas Büro auf sie.
   d. ☐ Er wartet abends vor Veronikas Büro auf die Sekretärin.

5. Was sagt ihm Frau Hätzel?
   a. ☐ Sie weiß auch nur wenig über Veronika.
   b. ☐ Max soll zu Veronikas Ex-Freund Kontakt aufnehmen.
   c. ☐ Der Ex-Freund war ein sehr netter Mann.
   d. ☐ Sie kann Max auch nicht helfen.

ÜBUNGEN

Wortschatz

1 Das besondere Abendessen
Max lädt Veronika zu einem ganz besonderen Abendessen ein. Was gehört auf den Tisch, was nicht?

- a. ☐ die Kerze
- b. ☐ der Mülleimer
- c. ☐ das Sektglas
- d. ☐ das Tischtuch
- e. ☐ die Blumen (Pl.)
- f. ☐ die Serviette
- g. ☐ das Messer
- h. ☐ der Seidenschal
- i. ☐ die Entscheidung
- j. ☐ die Gabel
- k. ☐ der Plastikbecher
- l. ☐ der Dessertlöffel
- m. ☐ das Taschentuch
- n. ☐ die Spardose

2 Welches Wort passt nicht?

- a. ☐ Decke — Serviette — Handtuch
- b. ☐ Hose — Teller — Tasse
- c. ☐ Licht — Messer — Gabel
- d. ☐ Schal — Tür — Kleid
- e. ☐ Tür — Flur — Wohnzimmer
- f. ☐ Löffel — Forke — Messer
- g. ☐ Kerze — Lampe — Keller
- h. ☐ Stift — Heft — Flasche

3 Was ist das Gegenteil?

a. elegant
b. teuer
c. stark
d. faszinierend
e. besonders
f. festlich
g. den Tisch decken
h. abwaschen
i. sortieren

> schwach   durcheinander bringen   langweilig/ uninteressant
> lässig   beschmutzen   alltäglich
> normal   preiswert (billig)   abdecken

Ein bisschen **Grammatik**

1 Das besondere Abendessen. Welches Verb passt (in welcher Form)?

Max ¹ .... etwas Besonderes. Dann ² .... er den Tisch. Er ³ .... die Servietten neben die Teller, ⁴ .... die Gläser dazu. Es klingelt und Max ⁵ .... Veronika die Tür. Er ⁶ .... ihr den Mantel .... und ⁷ .... sie zum Tisch. Sie ⁸ .... Er ⁹ .... sie, ihn zu heiraten. Sie ¹⁰ .... ihre Serviette hin und ¹¹ .... Max kann ¹² .... ; sie essen nicht weiter.

> sich setzen   kochen   aufstehen   bitten   öffnen   werfen
> legen   abnehmen   stellen   führen   decken   abdecken

2 Welche Präposition passt?

Die Teller kommen ¹ .... den Tisch. ² .... die Teller kommen Messer und Gabel, die Löffel legen wir ³ .... den Teller. Als Veronika kommt, setzen sie sich ⁴ .... den Tisch. Sie sehen sich ⁵ .... die Augen. Dann steht Veronika auf und geht ⁶ .... Tür. Sie zieht ihren Mantel an und geht ⁷ .... die Tür nach draußen. ⁸ .... der Straße hält sie ein Taxi an und fährt ⁹ .... Hause. Max bleibt allein ¹⁰ .... seiner Wohnung und ist traurig.

Sprechen

1 Liebeserklärungen
Was ist der richtige Ort für eine Liebeserklärung?

Das Stadion, die Schule, die Straße, ein elegantes Restaurant …
Und der richtige Zeitpunkt? Nach dem Essen, früh morgens, am Sonntagnachmittag, beim Sport …
Und die richtigen Worte? Ich liebe dich, ich mag dich, ich find dich gut, seit ich dich zum ersten Mal gesehen habe …

Soll er/sie etwas Besonders mitbringen? Einen Platinring, Blumen, ein Fotoalbum mit Bildern von Mama und Papa, ein Flugticket nach Cuxhaven, eine Pistole?

Soll er/ sie etwas Besonderes (nicht) anziehen? Jacke, Krawatte, kurze Hosen, kurzen Rock, Sportschuhe, Sandalen… Parfüm, Eau de Toilette?

Wie geht es vor sich? Was soll/darf er/sie tun, was nicht?

a. langsam näherkommen …
b. sich hinknien…
c. laut sprechen
d. weinen
e. sagen, dass er/sie aus dem Fenster springt
f. deine Hand nehmen
g. es dir ins Ohr sagen
h. die Brille abnehmen
i. die Kontaktlinsen suchen
j. Freunde mitbringen

Hörverstehen

1 An wen sind die Liebeserklärungen gerichtet? Höre den Text zweimal.

a. ....

b. ....

c. ....

d. ....

e. ....

f. ....

KAPITEL 9

Veronikas Geheimnis

An einem Dienstag fährt Max im Auto nach Norddeich, einer kleinen Stadt an der Nordseeküste.

Gerd hat ihm gesagt, dass Veronika dort als Kind gelebt hat, in einem Haus in der Nähe des Hafens. „Es war rot und weiß gestreift, wie ein Leuchtturm", sagt Gerd noch, „aber mehr weiß ich auch nicht. In all den Jahren hat sie mir nie etwas anderes aus ihrer Kindheit erzählt."

In Norddeich sucht Max das Haus. Er geht durch viele Straßen.

Dann sieht er ein zweistöckiges Haus ganz nah am Meer. Das Weiß ist grau geworden, das Rot sehr dunkel, aber: „Das muss es sein", sagt er sich.

Er klingelt an der Tür.

Eine alte Frau macht ihm auf.

Veronikas Geheimnis

„Guten Tag", sagt Max. „Entschuldigen Sie, wenn ich Sie störe, aber ich suche jemanden von der Familie Pörten..."

„De Pörtens un siene Fru [1]...", die alte Frau schüttelt den Kopf. „Da kommen Sie wohl zu s-pät, junger Mann. Die sind ja nu schon lange dot [2]. Das sind nu wohl schon twintig [3] Johr, bei dem Störm [4]..."

„Mama, mit wem snackst [5] du denn da an der Tür?" fragt eine Frau von hinten aus dem Haus.

„Mit so'n jungschen Kerl", antwortet die alte Frau.

„Ich bin Journalist", sagt Max schnell.

„Mama, du sollst doch nicht an die Haustür gehen!"

Eine Frau kommt und schlägt Max, ohne ihn anzusehen, die Tür vor der Nase zu.

„Und nun?" Max ist ratlos. Er schaut auf die Schilder am Straßenrand. Jugendzentrum, Hallenbad ... Bibliothek. „Das ist es!" sagt er sich.

Der Bibliothekar ist ein netter älterer Herr mit weißem Bart.

Max fragt, ob es so etwas wie ein Zeitungsarchiv gibt.

Der Bibliothekar lächelt. „Ja, seit fünfundzwanzig Jahren bin ich jetzt hier und hab sie alle aufgehoben: den „Norddeicher Boten", das „Hamburger Abendblatt", die „Kieler Nachrichten"; nur die „Bild-Zeitung" nicht. Was suchen Sie denn?"

„Tja", antwortet Max, „das ist nicht leicht zu sagen. Einen Unfall, der vor etwa zwanzig Jahren passiert ist."

„Ein Unfall? Was für ein Unfall? Verkehrsunfall, auf dem

1. **siene Fru (plattdeutsch)** : seine Frau.
2. **dot (plattd.)** : tot.
3. **twintig (plattdeutsch)** : zwanzig.
4. **de Störm (plattdeutsch)** : r Sturm.
5. **snacken (plattdeutsch)** : sprechen.

Veronikas Geheimnis

Meer, im Wald, im Haus?"

Max weiß erst nicht, was er sagen soll, aber dann hat er eine Idee: Veronikas Angst vor dem Meer!

„Es muss auf dem Meer gewesen sein."

„Aha, also auf dem Meer, vor etwa zwanzig Jahren — wissen Sie, ich schreibe manchmal auch, für den „Norddeicher Boten", und damals ... ich glaube, ich weiß, was Sie suchen..."

Er verschwindet [1] durch eine Tür und kommt nach fünf Minuten mit einem Packen Zeitungen zurück.

„1982. Vielleicht ist es das. Ein großer Sturm, mitten im Sommer. Die Inseln standen unter Wasser und .. aber sehen Sie selbst."

Max setzt sich und sieht die Zeitungen durch.

Juni 1982.

Ein Sturm aus heiterem [2] Himmel. Der Schaden ist enorm.

Es gibt auch Tote, darunter eine ganze Familie.

„Das ist es." denkt Max.

Ganze Familie bei Sturm umgekommen

Sie wollten nur eine Spazierfahrt machen. Das Wetter war gut, die Sicht klar. Der gestrige Sturm überraschte Peter-Paul Pörten, 38, auf hoher See. Mit ihm starben seine Frau Gerda, 36, und ihr dreijähriger Sohn Piet. Nur die sechsjährige Veronika konnten die Männer des Rettungsschiffs Störtebecker im letzten Moment aus dem Wasser ziehen. Eine Tante in Hamburg hat das Mädchen bei sich aufgenommen. ...

1. **verschwinden** : plötzlich nicht mehr da sein
2. **heiter** : ohne Wolken, sonnig.

Veronikas Geheimnis

Hastig[1] liest Max den Artikel.

Er bedankt sich beim Bibliothekar und fährt sofort nach Hannover zurück.

„Es ist erst drei Uhr", denkt er. „Zwischen fünf und sechs kommt Veronika aus dem Büro."

Er fährt schnell. Die Straße ist frei.

Um zehn nach fünf parkt er das Auto vor Veronikas Büro.

Er muss nicht lange warten.

Er öffnet die Wagentür und steigt aus.

„Du wieder? Lass mich in Ruhe!" sagt sie. „Ich will nicht mit dir sprechen!"

„Aber ich will mit dir sprechen. Es ist wichtig."

„Wichtig?" fragt sie.

„Steig ein und hör mir zu."

Veronika bleibt stehen.

„Hast du jetzt etwa Angst vor mir?" ruft er aus.

Sie steigt ein und Max fährt sofort los. Er fährt zur nächsten Autobahnauffahrt[2].

„Was hast du vor? Wo bringst du mich hin?"

„Nun beruhige[3] dich doch."

Aber Veronika sieht, dass sie auf der Autobahn Richtung Norden sind. Hamburg, Cuxhaven, Norddeich steht auf den blauen Schildern.

„Ich will nicht ans Meer! Lass mich sofort aussteigen!" schreit sie.

Max spricht ganz langsam: „Hör mir zu, Veronika. Du musst etwas für mich tun. Ich bitte dich darum. Nur dieses eine Mal.

1. **hastig** : sehr schnell.
2. **e Autobahnauffahrt** : wo wir auf die Autobahn fahren.
3. **sich beruhigen** : ruhig werden.

Veronikas Geheimnis

Dann bringe ich dich wieder nach Hause und du bist frei. Nur dieses eine Mal: komm mit und stell keine Fragen. Danach brauchst du mich nie wieder zu sehen, wenn du nicht willst. Dann verschwinde ich für immer aus deinem Leben."

Seine Wort beruhigen sie.

Sie legt sich zurück und schließt die Augen.

Sie schläft kurz ein. Als sie aufwacht, steht das Auto vor dem rot-weißen Haus.

„Um Gottes Willen, nein!" schreit sie. „Wo hast du mich hingebracht? Bist du verrückt [1] geworden?" Sie öffnet die Wagentür und läuft auf die Straße.

Max läuft ihr nach.

„Veronika! Bleib stehn! Die Autos…"

Er kann sie packen, hält sie fest, bringt sie von der Straße weg ans Meer.

„Ich will nicht!" schreit sie wieder. „Lass mich gehen, ich bitte dich!"

Auf der anderen Straßenseite steht das rot-weiße Haus.

„Sieh es dir an!" sagt Max. „In diesem Haus hast du als Kind gewohnt!"

Veronika schreit und schreit. Er soll sie loslassen, sie will nach Hannover, sie will vor ein Auto laufen, sie will nichts hören, sie will lieber sterben. Sie ist völlig außer [2] sich.

Max spricht weiter¨ „Du musst mir erzählen, was damals passiert ist!"

„Nach Hause, ich will nach Hause! Lass mich!" schreit sie und will wieder auf die Straße laufen.

---

1. **verrückt** : psychisch krank.
2. **außer sich sein** : sehr aufgeregt, sehr böse, unkontrolliert.

Veronikas Geheimnis

Er hält sie an den Schultern.

„Veronika, siehst du das Haus da? Siehst du das Meer?"

Sie nickt.

„Weißt du noch, es war ein schöner Sommertag. Eine Bootsfahrt, deine Eltern und ..."

Sie weint. „Hör auf! Ich bitte dich! Hör endlich auf!"

„Nur ein kleines Mädchen hat überlebt. Und dieses ..."

Sie weint jetzt lauter.

„Ja, ich habe überlebt! Nur ich! Es war alles meine Schuld[1]. Ich hatte gesagt, ich wollte eine Spazierfahrt machen mit dem neuen Boot. Papa wollte erst nicht! Alle tot, nur ich... meine Schuld"

Max hält sie im Arm.

„So war das nicht, Veronika. Das hast du als Kind geglaubt, aber es stimmt nicht."

„Nicht richtig? Was weißt du denn? Ich bringe Unglück, Unglück und Tod. Meine Tante ist auch tot."

„Aber das ... Deine Tante war schon alt, Veronika."

„Meine Eltern nicht! Und mein kleiner Bruder? Nur ich habe überlebt!"

„Aber du hast keine Schuld an dem Unfall! Hast du denn nicht in der Zeitung gelesen, was passiert ist?"

Sie schüttelt den Kopf.

„Wochenlang schrieben die Zeitungen über den schrecklichen Sturm. 'Aus heiterem Himmel', schrieben sie. Niemand hatte an diesem sonnigen Nachmittag an Sturm gedacht. Es gab keine Sturmwarnung, keinen Wind. Nur darum ist dein Vater mit euch aufs Meer gefahren. Er war ein erfahrener Seefahrer..."

„Aber ich ..."

---

1. **e Schuld** : wenn ich etwas Falsches/Böses getan habe, bin ich schuldig.

Veronikas Geheimnis

„Du hast vielleicht gesagt: 'Ich will aufs Meer', aber du warst sechs Jahre alt, die Entscheidung lag nicht bei dir. Entschieden hat dein Vater."

„Meinst du?"

„Es hat viele Unfälle gegeben bei diesem Sturm. Auch Tote. Der Sturm hat alle überrascht ..."

Max hält Veronika im Arm. Sie weint immer noch, ist aber ruhiger geworden.

Er spricht weiter.

„Und die ganzen Jahre hast du dich mit dieser Geschichte gequält[1]."

„Ja", sagt sie. „Das Leben ohne Eltern war nicht leicht. Aber das Schlimmste war immer der Gedanke: ‚Es war alles deine Schuld!' Und ich habe nie mit jemandem darber gesprochen."

„Ach, Veronika." Max umarmt sie fest. „Wie ich dich liebe ..."

„Ich dich auch", sagt sie leise.

Sie sieht aufs Meer hinaus. Seit zwanzig Jahren hat sie das nicht mehr getan.

Sechs Monate später

Veronika und Max haben geheiratet.

Veronika ist seit jenem Tag am Meer eine andere geworden: heiter, ruhig, glücklich, sehr glücklich.

Selbst zu Max' Plänen für die Hochzeitsreise hat sie ja gesagt.

Zusammen verbringen sie einen Monat auf einem Atoll in der Südsee, irgend wo hinter Dubai.

1. **sich quälen** : sich wehtun.

ÜBUNGEN

Leseverständnis

1 Kreuze an, was richtig ist.
Max sucht Informationen. Wo und bei wem?

a. ☐ bei der Polizei
b. ☐ bei der Industrie- und Handelskammer
c. ☐ in einer Stadtbibliothek
d. ☐ im Staatsarchiv
e. ☐ bei Veronikas Ex-Freund
f. ☐ in Veronikas Schule
g. ☐ in einer Stadt an der Nordsee
h. ☐ in alten Zeitungen
i. ☐ bei der Spionageabwehr
j. ☐ bei den Leuten, die heute im Haus von Veronikas Eltern wohnen
k. ☐ bei Veronikas Nachbarn

2 Was erfährt Max?

a. ☐ Veronika kommt aus Norddeich.
b. ☐ Veronika hat als Kind in einem rot-weiß-gestreiften Haus gewohnt.
c. ☐ Veronika hat keine Eltern gehabt.
d. ☐ Veronikas Eltern sind auf dem Meer umgekommen.
e. ☐ Veronika hat ihre Eltern vergessen.
f. ☐ Veronika hatte auch einen kleinen Bruder.
g. ☐ Eine Tante hat Veronika ans Meer gebracht.
h. ☐ Veronika war Einzelkind.
i. ☐ Eine Tante hat Veronika aufgenommen.
j. ☐ Der Bibliothekar hat alle alten Zeitungen aufgehoben.

ÜBUNGEN

3 Was will Max noch von Veronika?

- a. ☐ Er will sie auch gegen ihren Willen heiraten.
- b. ☐ Er will sie in ein anderes Land bringen.
- c. ☐ Er will sie mit der Wahrheit konfrontieren.
- d. ☐ Sie soll sich an die Vergangenheit erinnern.
- e. ☐ Er will ihre Tante kennen lernen.
- f. ☐ Er hofft, Veronikas Probleme zu lösen.

4 Was war Veronikas größtes Problem?

- a. ☐ Sie dachte, sie bringt anderen Unglück.
- b. ☐ Sie dachte, sie kann sterben.
- c. ☐ Sie dachte, das Meer ist böse.
- d. ☐ Sie dachte, sie war Schuld am Tod ihrer Eltern, ihres Bruders und vielleicht auch der alten Tante.
- e. ☐ Sie dachte nur an ihre Karriere und wollte nicht heiraten.

5 Was macht Veronika jetzt?

- a. ☐ Jetzt lebt sie endlich wieder allein.
- b. ☐ Jetzt ist sie verheiratet und will von Büroarbeit nichts mehr wissen.
- c. ☐ Jetzt ist sie verheiratet und macht eine Reise.
- d. ☐ Ihre Hochzeitsreise führt sie auf ein Atoll.
- e. ☐ Jetzt will sie wieder am Meer leben und ihr Mann kommt mit.

ÜBUNGEN

Sprechen

1 Situationen – praktisches Deutsch
Du heiratest deine/n deutsche/n Freund/in. Es gibt nur ein Problem: Die Hochzeitsreise. Er oder sie will auf ein Südseeatoll (Rora-Rora, Düball ...), aber leider sind schon alle Südseeatolle von frisch verheirateten Paaren besetzt. Schlag ihm oder ihr eine Alternative vor.

Nordsee

Urlaub an der Nordsee ist nicht nur etwas für Familien und alte Leute.

Wir stellen Ihnen drei topaktuelle Projekte vor:

Leben wie die Piraten: Das Segelschiff Klaus Störtebecker fährt im August von Insel zu Insel. Wollen Sie mitfahren? Dann müssen Sie allerdings – vom Segelsetzen bis zum Kartoffelschälen – auch mithelfen. Übrigens: eine Dusche haben wir nicht. Preis: 319 Euro pro Woche

Endlich meine Ruhe: Ungefähr zwei Kilometer vor der Küste steht unser alter Leuchtturm auf einer unbewohnten, kleinen Insel. Unser Boot bringt Sie hin und lässt Sie dort allein zurück. Dusche und WC. Mindestdauer: ein Monat. (600 Euro)

Fit und schlank in vierzehn Tagen: Auf unserem Schulschiff werden Sie wie ein Matrose trainiert. Segel setzen und Segel einholen, Deck putzen, Wache halten, Gymnastik wie bei den amerikanischen Marines. Zu essen bekommen Sie Heringe und ein oder zwei Kartoffeln pro Tag, abends werden Shantys (Seemannslieder) gesungen. Zwei Wochen Vollpension: 699 Euro

ÜBUNGEN

Und du?

Welche der drei beschriebenen Ferien interessiert dich, findest du interessant oder uninteressant?

Welche empfiehlst du Eltern, Chefs und Chefinnen, Lehrern und Lehrerinnen, Freunden und Freundinnen?

Du arbeitest in einem Reisebüro und musst die beschriebenen Projekte verkaufen. Wie erklärst du a) einer achtzigjährigen Dame, b) einem Familienvater mit drei kleinen Kindern, c) einer Musik-Studentin, d) einem jungen Paar, das eine originelle Hochzeitsreise machen möchte, welche dieser Ferien er oder sie machen soll und warum?

Ein bisschen **Grammatik**

① Erinnerungen. Das Verb zum Substantiv ist vielen, die Deutsch lernen, unsympathisch, denn es ist erstens reflexiv und erfordert zweitens eine Präposition, an+Akkusativ. Im Satz sieht das dann so aus:

Präsens: *Wir erinnern uns nicht an dich.*

Perfekt: *Wir haben uns nicht an dich erinnert.*

Erinnerst du dich noch an … deinen ersten Schultag? deinen ersten Kuss? deine erste Reise?

Antworte (schriftlich) auf eine dieser Fragen.

Ich erinnere mich noch …

Kannst du auch die folgenden Fragen beantworten?

Was sind Kindheitserinnerungen?

Fällt dir eine besonders schöne Kindheitserinnerung ein?

Ein Buch mit dem Titel *Gedanken und Erinnerungen* ist kein Roman, sondern…?

Wie ist das Gegenteil von *sich erinnern*?

Woran will Max Veronika erinnern?

Was will Veronika?

Platt, ganz platt

Im Norden Deutschlands spricht (*snackt*) man (*mon*) nicht nur Hochdeutsch – also nicht nur das, was du im Sprachunterricht lernst – sondern eine Variante, und die heißt Plattdütsch. Das ist eine Sprache, die nicht alle Entwicklungen des modernen Deutschen mitgemacht hat. Das hat auch Vorteile, denn viele Wörter sind dem Englischen ähnlich.

Heute ist perfektes Platt selten geworden, aber in der Alltagssprache tauchen noch oft Wörter aus dem Plattdeutschen auf.

Teste selbst, was du verstehst. Links stehen hochdeutsche Wörter, in der Mitte plattdeutsche und rechts englische… verbinde einfach, was zusammen passt

eins	twee	one
zwei	eens	two
drei	dree	three
vier	fiev	four
fünf	veer	five
tun	maken	do
machen	don	make
haben	slapen	have
schlafen	drömen	sleep
träumen	hebben	dream
klein	de Sünn	little, small
tief	he	deep
offen	deep	open
er	lütt	he
die Sonne	de Heven	the sun
der Himmel	open	the heaven

Es gibt verschiedene Initiativen zur Verbreitung des Plattdeutschen. Vokabeln, Regeln und Informationen findest du im Internet. Dort kannst du sogar eine Einführung in das Betriebssystem Windows auf Platt lesen. Versuchen wir's gleich mal. Was bedeuten wohl diese Wörter?

Hülpsfester – Informaschoon – Duppelklick

In Deutschland sind die Regionen (Länder) relativ selbstständig, zum Glück. Denn es gibt viele Unterschiede zwischen Nord- und Süd- und Ost- und Westdeutschen. Das beginnt mit der Sprache. Viele Leute erkennen sich in der Standardvariante des Deutschen nicht wieder, die stark an die Schriftsprache gebunden ist. Dialekt wird heute nur noch von wenigen gesprochen, manchmal in Theater- und Fernsehkomödien.

1 Was meinst du?

a. Sollte man etwas dafür tun, dass die Dialekte weiter leben? Die Politik? Die Schule?

b. Sollte, wer Deutsch lernt (du!), auch die wichtigsten Dialektvarianten verstehen können?

c. In offiziellen Programmen heißt es heute, Deutschlerner sollen auch schweizer und österreichische Varianten verstehen lernen. Ist das richtig, gut, schön?

2 Zum Vergleich

a. Wo kommt in deiner Sprache die allgemein akzeptierte Standardvariante her?

b. Welche Dialekte deines Heimatlandes findest du besonders komisch, lustig, interessant oder schön?

Komisch? *Friesen*

Windmühle in Ostfriesland

Norddeich liegt im östlichen Teil einer Region, die kein Land ist: Friesland. Im östlichen Teil Frieslands – hier fangen Deutsche an zu lachen... wohnen die Ostfriesen. Was daran komisch ist? Das weiß niemand so genau. In Deutschland erzählt man sich seit langer Zeit Witze über die armen Ostfriesen. Es heißt, sie seien nicht besonders clever. Das ist nicht nett und politisch unkorrekt. Wer aus Ostfriesland kommt, muss damit leben. Auch Westfalen gelten nicht als genial. Die Bewohner der Stadt Schilda in Sachsen sind für (angeblichen) Mangel an Intelligenz sprichwörtlich geworden. Das ist natürlich nur das Produkt der Propaganda konkurrierender Städte und Regionen, aber die Bürger von Schilda haben den Schildbürgern (sich selbst?) sogar ein Museum gebaut.

Wie sieht die ostfriesische Landesflagge aus? Weißer Adler auf weißem Grund.

Wie fangen Ostfriesen Mäuse? Sie jagen sie unter einen Schrank und sägen die Beine ab.

Eine Ostfriesin kommt in eine Buchhandlung und sagt: „Ich möchte gern einen Globus von Ostfriesland."

Warum lacht jeder Ostfriese, wenn es donnert und blitzt? Er glaubt fotografiert zu werden.

Warum stellen Ostfriesen immer ein paar leere Flaschen in den Kühlschrank? Damit sie auch Besuchern etwas anbieten können, die nichts trinken wollen.

1 Im Internet, wie sollte es anders sein, gibt es viele solcher Witze. Suche dir ein paar (leicht verständliche) Witze aus und erzähle sie deinen Mitschüler/innen.

2 Die Schildbürger haben in der Literatur und in vielen Lesebücher Eingang gefunden. Wenn du eine deutsche Bibliothek (Goethe-Institut usw.) in der Nähe hast, könntest du dort suchen. Sonst hilft dir auch hier Internet weiter — aber die neueren Versionen der Geschichten findest du dort nicht. Sammle Informationen und erzähle, was du erfahren hast.

3 In deinem Land gibt es sicher auch regionale oder andere Gruppen, über die mah sich Witze erzählt. Nenne Beispiele.

4 Erzählt man sich in deinem Land Witze über Deutsche, Schweizer oder Österreicher?

ABSCHLUSSTEST

Landeskunde

1 Kreuze an, was richtig ist und ... verbessere, was falsch ist.

Hannover ...
ist eine Stadt in Ostdeutschland.
Dort wird das beste Deutsch gesprochen.
Viele internationale Messen finden dort statt.
Es ist die Hauptstadt Ostfrieslands.
In der Stadt Wolfsburg in der Nähe werden Autos gebaut.

An der Nordseeküste liegen die Städte
Norden—Norddeich
Straßburg
Köln
Cuxhaven
Hannover

Plattdeutsch ...
ist ein besonders einfaches Deutsch.
hat viele dem Englischen ähnliche Wörter.
ist ein norddeutsches Deutsch.
wird in der Schule gesprochen.

2 Wichtige Wörter

A. Fahren mit der Eisenbahn — welches Wort passt?

1. Der Zug hat zehn Minuten ....
2. Der Zug fährt auf .... 17 ein.
3. Sie wartet auf dem ....
4. In ihrem .... sind alle Plätze besetzt.
5. Der Zug fährt nicht direkt nach Wolfenbüttel. Sie müssen ....

ABSCHLUSSTEST

6. Bitte .... und die Türen schließen.
7. Moment, ich muss noch die .... kaufen.
8. Wo? Am .... natürlich

> s Gleis   e Verspätung   s Abteil   r Fahrkartenschalter
> e Fahrkarte   einsteigen   umsteigen   r Bahnsteig

B. Familienverhältnisse

1. Judiths und Peter-Pauls Eltern sind .... und haben wieder geheiratet.
2. Viele Paare wollen nicht heiraten oder vor der .... eine Zeit zusammen leben.
3. Nach fünfzig Jahren .... feiert man diamantene Hochzeit.
4. Da ging es traditionell zu. Erst waren sie drei Jahre ...., dann haben sie geheiratet.
5. Du, ich bin ganz durcheinander. Ich glaube, ich habe mich in Heinz ....
6. Nach der Feier sind die beiden sofort auf .... gegangen.
7. Ihr Mann ist vor zehn Jahren gestorben und sie will nicht wieder heiraten, denn sie will ihre .... pension behalten.
8. Seit ihrer .... fährt sie keinen Porsche mehr. Sie muss Alimente zahlen.

> e Scheidung   geschieden   e Ehe   e Ehe   e Witwe(n)
> verliebt   verlobt   Hochzeitsreise

C. Der erste Eindruck — welches Adjektiv passt in welcher Form?

1. Georg und sauber? Er sieht richtig .... aus.
2. Kauf dir doch ein paar neue T-Shirts! Deine sind ja ganz ....

3. Da geht es nicht so formell zu, da ziehen wir uns .... an.
4. Aber diese Haare! Der geht seit Jahren nicht zum Friseur, und .... ist er auch.
5. Auf der Hochzeit ihrer Freundin trägt sie ein besonders .... Kleid.
6. Er trägt heute eine .... Krawatte von Truzzardi.

> modisch   ungekämmt   ungewaschen
> verwaschen   elegant   lässig

Grammatik

❶ Hier stehen falsche Präpositionen. Setze die richtigen ein.

1. Unter dem Teller liegen Messer und Gabel.
2. Die Füße stehen auf dem Tisch.
3. Max und Veronika sitzen auf dem Tisch.
4. Die Kerzen stellen wir in die Kommode.
5. Er gießt den Wein vor das Glas.
6. Veronika will nicht bleiben und geht neben die Tür.
7. Max räumt deprimiert Teller und Gläser hinter die Spülmaschine.
8. Er bringt sie auf dem Auto nach Hause.